A MELHOR VERSÃO
DE VOCÊ

O PODER PESSOAL E A ARTE DE SER VOCÊ MESMO

Cristina Longhi

A MELHOR VERSÃO
DE VOCÊ

O Poder Pessoal e a arte de ser você mesmo

NOVA SENDA

A MELHOR VERSÃO DE VOCÊ
Copyright© Editora Nova Senda

Diagramação: Décio Lopes
Projeto gráfico da capa: Alexandre Almeida Alcântara
Revisão: Luciana Papale
1ª impressão | Outono de 2017

Dados de Catalogação da Publicação

Longhi, Cristina

A melhor versão de você – O Poder Pessoal e a arte de ser você mesmo/ Cristina Longhi – 1ª edição – São Paulo – Editora Nova Senda, 2017.

Bibliografia.
ISBN 978-85-66819-16-8

1. Autoajuda 2. Autoconhecimento 3. Poder Pessoal I. Título.

Proibida a reprodução total ou parcial desta obra, de qualquer forma ou por qualquer meio, seja eletrônico ou mecânico, inclusive por meio de processos xerográficos, incluindo ainda o uso da internet sem a permissão expressa da Editora Nova Senda, na pessoa de seu editor (Lei nº 9.610, de 19.02.1998).

Direitos exclusivos reservados para Editora Nova Senda.

EDITORA NOVA SENDA
Rua Jaboticabal, 698 – Vila Bertioga – São Paulo/SP
CEP 03188-001 | Tel. 11 2609-5787
contato@novasenda.com.br | www.novasenda.com.br

Dedicatória:

Dedico este livro a todas as pessoas que fizeram e fazem parte da minha jornada. Nossa vida é feita de vivências que nos trazem grandes experiências, e eu tive o privilégio de poder passar por extraordinárias experiências. Aprendi que tudo é importante, e que sou feita de toda a minha história, portanto, agradeço por tudo o que vivi até hoje e por tudo aquilo que continuarei vivendo. Dedico este livro principalmente aos meus três filhos, que me trazem todos os dias novas, belas e grandes experiências. E também a todos os meus amigos, especialmente ao Alexandre Alcântara, que fez o layout da capa deste livro. Aos meus clientes, a minha família querida e é claro, a você!

Sumário

1. Memórias, sua história pessoal 9
2. Como você se tornou a pessoa que é hoje 18
3. O antes e o depois de algo ruim ter acontecido em sua vida ... 26
4. Se vendendo para ganhar amor 32
5. Crenças – sua perspectiva sobre o mundo 37
6. A fórmula do saber "como" 43
7. Adquirindo Sabedoria 49
8. A fórmula da gratidão e a realização espiritual 53
9. Relacionamentos eficazes 59
10. Vida profissional e pessoal equilibrada 67
11. A poderosa onda do presente 71
12. Os outros olhando e você lidando com os olhares 74
13. A fórmula poderosa do simples 79
14. A fórmula poderosa do transitar 89
15. Missão existencial 95
16. Rejeição e solidão 100

17. Crie estabilidade emocional e espiritual na sua vida 103
18. Você dá o seu poder ao outro? 105
19. Como deixar o passado para trás? 107
20. Nosso sistema de convicções 109
21. Escolha superar seus próprios limites 111
22. Problemas relacionados ao sentimento de fracasso 114
23. Libertando o poder interior 120
24. Experiências de consultório 138
25. E onde a Lei da Atração entra? 147

I
Memórias, sua história pessoal

Quem é você no presente momento? Você já parou para pensar como se transformou na pessoa que é hoje, e que agora está lendo este livro? Como você constituiu esta forma específica de pensar e entender sobre as coisas da vida? Precisamos começar de algum lugar para que você se torne a pessoa que deseja ser, então iremos começar entendendo quem você é exatamente hoje.

Mas antes de começarmos, quero que você defina algo primordial para avançarmos. É preciso saber o que falta em você e o que deseja. Você não comprou este livro à toa, e sim porque tem interesse ou deseja algo, certo? Então vamos definir exatamente o que você precisa. Se não fizermos isso, vai ficar difícil saber se você chegou a algum lugar. Não adianta, por exemplo, alguém dizer que quer ser feliz, porque ser feliz é muito amplo, é preciso definir o que exatamente vai deixar você feliz.

A grande maioria das pessoas tem muitos desejos, mas elas almejam coisas genéricas, tudo aquilo que é considerado legal, sem ao menos pararem para pensar no que realmente querem. Entender para onde você quer ir é essencial para que a gente consiga traçar um caminho até lá. Por isso, entender o que falta é uma boa forma de pensar no que você realmente quer.

Então, pare agora, pegue um papel e uma caneta e faça uma lista de tudo o que falta na sua vida. Faça em seguida uma lista com os seus desejos, isso é importante para você saber exatamente o que quer.

Você tem uma história, não brotamos do nada, todos nós viemos de um pai e de uma mãe. Precisamos começar olhando para esta história antes de tudo, porque sua raiz está lá na sua família. Mesmo que não tenha sido criado pelos seus pais, certamente você foi criado por alguém, mas isso não muda a sua origem. Tem muita gente que se recusa a olhar para a sua genealogia achando que assim se livra de um monte de coisas que não quer ver ou que não concorda. Mas não funciona assim. Essas pessoas não sabem que existe uma memória guardada dentro de nós, de forma inconsciente, e que, se negarmos isso, estamos na verdade negando a nossa própria força, e isso pode atrapalhar muito o processo de realização pessoal e conquista dos desejos.

Para entender quem você é em sua vida atual, será preciso "olhar", vasculhar a sua origem, este é o ponto chave para que você, de uma vez por todas, finalmente consiga se realizar.

Somos todos feitos de histórias que compõem a nossa vida. Desde quando nascemos começamos a conceber o que é o mundo. Concebemos ideias a respeito do que as coisas são e de como devem ser, do certo e do errado, do bom e do mau, do fácil e do difícil e assim por diante. O mundo e todas as coisas desse mundo nos foram apresentados por várias pessoas que passaram pela nossa vida desde quando éramos bebezinhos. Aprendemos e entendemos sobre tudo que existe através das lentes de outras pessoas, e cada vez mais fomos concebendo e consolidando ideias, e é aí que está o problema. Tudo foi se consolidando. Veja só o significado dessa palavra: Consolidar. Tornar sólido algo, endurecer. Depois de ouvir por muitas vezes dos adultos que estavam a nossa volta, sobre como uma coisa é ou deixa de ser, simplesmente adquirimos essa ideia e a tornamos única em nossas vidas. No entanto, já parou para pensar que talvez o que você concebeu como verdade ao longo de sua vida, pode não ser o certo?

    Vamos imaginar a seguinte situação. Seu pai recebeu os maiores ensinamentos da vida dele através dos seus avós. E você igualmente entendeu muitas coisas sobre a vida através deles. Mas será que o que eles lhe ensinaram está necessariamente certo? Esse é o ponto. Quem disse que uma determinada coisa precisa ser feita exatamente daquela maneira? Você já parou para pensar que geralmente aprendemos sem contestar, sem pesquisar para ver se faz sentido? Se existe um fundamento? É por isso que existe o conflito de gerações onde novas ideias aprendidas (fora) entram em conflito com aquilo que foi ensinado (dentro), porque geralmente os pais não querem abrir mão sobre a forma que aprenderam que deve ser as coisas, e os adolescentes tentam a todo o custo mostrar um novo ponto de vista. Neste conflito, geralmente o que acontece é que o novo é massacrado e perde. Com o conceito novo a pessoa concebe a ideia de que está errada e se sente culpada, num eterno conflito entre ir contra, e então decepcionar, ou concordar e fazer a vontade dos outros, não aquilo que deseja. Não estou dizendo que o certo é sempre o novo, não é este o ponto aqui. Estou dizendo que conceitos novos e velhos precisam ser estudados para ver se existe um sentido naquilo tudo.

    Quantas e quantas vezes você não repetiu algo de forma automática sem ao menos saber por quê? São as tradições na qual as pessoas concebem a ideia de que precisam fazer algo de uma determinada forma e fazem sem ao menos estudar o fundamento de tudo aquilo. Vou dar um exemplo: você nasce em uma família e acostuma-se a ir à igreja todos os domingos. Desde pequeninho você aprende sobre coisas que não deveria fazer de jeito nenhum e outras que poderia fazer numa boa. Já parou para pensar que depois de um tempo você concebeu isso como única verdade? E o pior, você aprendeu a condenar tudo àquilo que é diferente daquilo que pelo seu entendimento é verdade.

O certo e o errado não existem, é uma questão de ponto de vista somente, uma questão de visão sobre a vida. Já parou para pensar que algumas pessoas bem sucedidas têm certas características em comum e que estas características dificilmente existem em pessoas sem muito entendimento sobre a vida?

Já parou para pensar que sucesso é sinônimo de entendimento sobre as coisas, ao invés de achar que é uma questão de sorte? Já observou que seguimos modelos que não funcionam? Sim, porque, se você segue ensinamentos e modos de pensar e fazer as coisas da vida de pessoas que não conseguiram elas mesmas obter bons resultados, faz sentido? É certo seguir um modelo que não funciona? Então por que você continua seguindo estes modelos?

Mas é isso que a maioria das pessoas fazem. Seguem modelos sem perceberem que são arquétipos falsos. Falsos porque não funcionam, e não porque não têm valor. Essas pessoas, assim como você, ainda não descobriram o que precisam fazer, e por isso, continuam no ciclo de autossabotagem que nada mais é do que um processo no qual as pessoas evitam progredir, evitam fazer o que precisa ser feito, porque elas ou têm medo dos resultados e suas consequências ou adquiriram um sentimento de falta de merecimento. São pessoas que internalizaram o conceito de difícil, do pouco, e por isso, sofrem ao tentarem ir além, porque não sabem como.

Você se tornou o que é hoje através das experiências de todas estas pessoas que passaram pela sua vida. Portanto, precisamos agora entender uma coisa muito importante. Você não é inferior e nem tem nenhum defeito como talvez pensasse. Você simplesmente não aprendeu ainda o que é necessário para progredir, para passar do limite que se colocou até hoje. É por isso que é tão importante entender de onde você veio.

Quando houver o entendimento do que falta em você, como, por exemplo, o conhecimento a respeito de como fazer certas coisas, de como conseguir certos resultados na vida, você vai então estar pronto para fazer uma terceira lista: a lista das coisas que vai precisar aprender para ser quem você deseja ser.

Vou pegar um exemplo clássico: comerciante versus grande empresário. Geralmente o comerciante tenta muito fazer o seu negócio crescer, mas nunca passa de um determinado limite, sabe por quê? Porque ele tem boa vontade, ele é muito esforçado, muito bonzinho, mas não sabe como. Agora com o empresário bem sucedido é muito diferente. Ele sabe como, ele busca conhecimento, ele estuda, ele descobre e vive atrás de soluções. O comerciante tenta sem saber o suficiente, não estuda muito a respeito, faz conforme ele acha. O empresário estuda fórmulas de sucesso, estuda casos bem sucedidos, lê muito, participa de cursos, contrata pessoas que também estudaram muito sobre o papel que desempenham na empresa. O comerciante geralmente bota todo mundo da família para trabalhar, contrata mão de obra barata e não especializada e qual é o resultado dele em comparação ao empresário? Um ganha para pagar as contas e fazer sobrar um pouquinho a mais, com muito sacrifício, enquanto o outro tem abastança, ou seja, tem dinheiro suficiente sobrando para fazer o que ele deseja, como e quando deseja.

A história da sua vida deve ser vista com orgulho, porque você é esta pessoa que é hoje por tudo que viveu até agora. Se tivesse tido uma história diferente estaria numa situação diferente, teria outro tipo de vida, seria outra pessoa. Mesmo que você chegue à conclusão de que sua história até aqui foi ruim, que poderia ter sido mais fácil, menos sofrida, você precisa compreender algo essencial: "se você ainda não se tornou no que quer é porque não aprendeu o que precisa", e indo além com este pensamento chegará facilmente à conclusão de que, com certeza, você irá além de muitas pessoas que conheceu, até mesmo de seus familiares, porque você chegou ao ponto na qual vamos olhar, entender e aprender.

Você pode se considerar um vencedor de hoje em diante. Vejo muitas pessoas por aí com vergonha de suas origens e isso só tem um motivo: sentimento de inferioridade. São pessoas que aprenderam através da lente de outras pessoas, que valem menos porque têm menos. Aprenderam errado! Não entendem que ter menos, ou conseguir menos, se deve ao fato de não terem tido a oportunidade de aprender "como" fazer as coisas. Essas pessoas se equivocaram com a ideia de que os que têm mais são superiores, com isso, se acham inferiores ou piores, por não serem iguais, por não saberem.

Portanto se você pensa assim a respeito da sua história, entenda de uma vez por todas que você pode ser quem quiser a partir de agora, a partir do momento que entender "como", e claro, assim que você assumir sozinho o seu caminho. Ninguém consegue um grande sucesso dependendo emocionalmente dos outros.

Seus pais fizeram o melhor que puderam com aquilo que eles tinham de conhecimento sobre a vida. Se não fizeram mais foi porque não aprenderam. Se eles foram rudes, agressivos, omissos, é bem provável que também não tenham tido amor e carinho em suas infâncias. Quem não tem um modelo de amor e afeto não tem condições de dar amor e afeto. Cada um usa o modelo que tem não é?

Nesses vinte anos que trabalho como terapeuta, tem sido comum ver pessoas que sentem muita mágoa e revolta da criação que tiveram, porque simplesmente acham que seus pais fizeram de propósito, acham que os pais não fizeram mais, porque não deram valor a eles. Mas como alguém vai dar valor ao filho se não aprendeu a dar valor a si mesmo? Se não aprendeu a dar para si mesmo? Se não obteve ele mesmo resultados interessantes em sua vida? Como podemos nós agora, com essa consciência, continuar cobrando algo de alguém que ainda não teve a oportunidade de aprender? Seria como cobrar de uma criança de seis anos que ela saiba fazer algo que um adulto faz. Não faz sentido. Pessoas inteligentes aprendem, buscam informações e sabem disso, como você.

O que devemos fazer é agradecer pela oportunidade de hoje podermos entender, de podermos estudar. Assumir este aprendizado é essencial. E quando a gente assume o entendimento, precisamos fazer algo muito importante para realmente ter um resultado interessante na vida. Precisamos desistir de muitas coisas, entre elas desistir de ter a expectativa de sermos vistos por quem não consegue nos ver. É preciso que você desista da ideia de que seus pais consertem algo. É necessário também, desistir da ideia de que o mundo precisa se compadecer com sua história e dar algo a você como recompensa pela sua historinha triste. Você não é o único neste vasto planeta que passou por situações ruins na vida.

Quem fica esperando por algo ou alguém que conserte sua vida, ou fica esperando ser notado, com o desejo de ser cuidado, ficará sempre esperando e assumirá o papel de vítima de si mesmo. Essas pessoas possuem um enorme buraco dentro delas. São pessoas que passaram por situações complicadas e que foram expostas a falta de algo essencial, o amor. E com isso, conceberam a ideia de que não tinham valor, porque não foram cuidadas, não foram olhadas, não foram vistas. Essa falta fez um enorme buraco dentro delas, que acabam transferindo esse vazio para situações cotidianas em suas vidas, ficam esperando serem vistas e usam vários recursos para isso. Recursos que se tornam papéis. Algumas pessoas se tornam totalmente dependente do outro, porque assim, conseguem alguém que cuide delas, e têm aquelas que vivem doentes, e assim atraem pessoas preocupadas com elas e isso as conforta de várias formas. Outras são agressivas e desestruturadas e isso também é uma forma desesperada de chamar atenção. Têm as depressivas e assim por diante.

Em meu consultório, eu aprendi a consertar estas situações justamente entendendo onde estava o grande buraco na vida da pessoa, e assim, partindo daquele ponto, mostrando como ela passou a ser desestruturada, chega-se a constatação de quão poucos resultados ela conseguiu na vida.

Entendendo os motivos e percebendo que não dava para ser de outra forma, que aquela situação não se instalou de propósito e que não necessariamente era tudo contra elas, essas pessoas finalmente concordam em olhar para o passado sobre outra perspectiva e então a grande mudança começa a acontecer.

Quando a pessoa entende o motivo de ser do jeito que é no momento, quando desiste de consertar o passado e então olha para o que falta e assume totalmente a responsabilidade por trilhar um novo caminho, ela finalmente faz um grande progresso na vida e enfim começa a prosperar em todos os sentidos.

A partir deste ponto só vou lhe dar duas alternativas. Você pode continuar a fazer tudo do mesmo jeito e obter, ano após ano, os mesmos resultados, continuando como está neste papel, assumindo o risco de permanecer da mesma forma, talvez até pela vida toda, ou ter a chance de assumir, a partir de agora, humildemente, que falta algo, e que é só por isso que ainda não conseguiu uma vida do jeito que quer.

Assumindo isso você se tornará agora um aprendiz. Imagine que você mudou de país e que a partir de agora tudo será bem diferente. Você aprenderá formas diferentes e interessantes de fazer as coisas, mas com uma diferença. Terá finalmente bons resultados.

Você vai prosperar em todos os sentidos na sua vida. Vai aprender a melhorar seus relacionamentos, a investir na sua carreira, a cuidar de si mesmo e se alimentar melhor, física e emocionalmente, para enfim, não mais precisar tanto assim das outras pessoas.

Precisar dos outros não é ruim. O ruim é achar que você é incapaz de fazer determinadas coisas se as pessoas não cooperarem com você.

2
Como você se tornou a pessoa que é hoje

Você tem uma trajetória até aqui, e para entender um pouco mais sobre a pessoa que você é hoje, vamos precisar entender melhor o seu caminho até este momento. Olhar é essencial para que você entenda os pontos exatos que precisam ser mudados. No capítulo anterior, já deu para perceber que a sua origem é bastante importante, agora vamos partir para algo mais detalhado.

Não importa o quanto já viveu, faça uma lista baseada nos anos que você tem. Vou explicar o que é preciso olhar e você então fará uma lista pessoal através desse olhar.

É muito comum as pessoas dizerem que não conseguem se lembrar da infância e de coisas que aconteceram quando eram crianças. E isso só acontece, porque não existe um guia para lembrá-las. Por exemplo, quando você pergunta a uma pessoa como ela se sentia quando era pequena, é provável que ela não se lembre, mas se perguntarmos a esta mesma pessoa algo mais específico como, por exemplo, o que ela se lembra sobre a casa em que morava, sobre a sala de estar, ou o animal de estimação da família, é provável que ela comece a se lembrar.

Pensando nisso, criei uma história que é baseada nos sentidos, nas sensações, e isso irá trazer mais facilmente à sua memória certos fatos esquecidos. Neste primeiro momento você só precisa anotar. No final deste livro você vai entender o que fazer com estas informações para que elas se tornem bastante úteis.

Vamos à sua história. Complete conforme for se lembrando das sensações. Não se preocupe se no começo você não se lembrar de algo ou do que diziam; isso é comum, mas, ao longo da história, você começará a se lembrar de alguns detalhes importantes.

"A história da minha vida"

- Eis que eu nasci, e com isso foi dado início à minha história. Aquele serzinho indefeso a princípio, mas que se tornaria dono de uma história bastante interessante.

    Descreva suas impressões a respeito do que você acha que as pessoas pensavam sobre a vida naquela época, coloque tudo aquilo que souber.

- Fui recebido, ao nascer, por pessoas que achavam que a vida era:

    Fácil, legal, ruim, divertida...

- Nasci numa época em que as coisas no mundo eram diferentes de hoje:

    Mais fáceis, mais difíceis, esquisitas...

- Levaram-me para uma casa num determinado local:

    Onde? Em qual cidade? Em que bairro? Tente descobrir como foi a sua primeira moradia, baseado no que lembrar ou no que lhe contaram, ou pergunte a alguém, caso isso seja possível.

- Fui crescendo e tendo a atenção das pessoas que cuidavam de mim da seguinte forma:

    Conte aqui como foi o momento que chegou à sua família em questão de tempo e cuidados dispendidos a você, se tinha irmãos antes e depois da sua chegada, se seus pais tinham tempo para cuidar de você, etc.

- Meus pais ou as pessoas que cuidavam de mim tinham uma personalidade do tipo:

    Coloque aqui a sua impressão sobre a personalidade dos que cuidavam de você, se eram tímidos, medrosos, maloqueiros, estruturados, sérios, etc. Inclua também além dos seus pais, pessoas que ficavam com você constantemente como babás, avós, etc.

- Fui crescendo com uma personalidade que puxava mais para o seguinte lado:

    Aqui descreva o tipo de bebê e criança pequena que você era em termos de comportamento emocional. Será que era um bebê bonzinho? Um bebê chatinho, medroso, chorão?

- Comecei a crescer e fui aprendendo sobre religiosidade, tendência política e relacionamentos:

    Com quem? O que estas pessoas diziam a respeito desses assuntos? O que você ouviu que até hoje ainda faz parte da sua vida?

- Como era a rua que eu cresci? E o meu primeiro amigo?

    Coloque o que se lembrar do ambiente externo e de pessoas da época.

- Como era a cozinha da minha casa? Como eram os móveis, que cheiro as coisas tinham? Tinha televisão na época? O que eu assistia na TV? Quem assistia comigo? Que tipo de roupa eu usava? Como era o meu cabelo? Como era a colcha que forrava a minha cama? E meu quarto, tinha algum tipo de enfeite? E meus avós? O que eu me lembro deles quando pequeno? E meus tios, primos e primas? Como eu me divertia? Com quem?

    Coloque o máximo de impressões que puder se lembrar.

- Fui crescendo e fui colocado em uma escolinha. O que me lembro dessa escola? Da professora? Como era o cabelo dela? Seu cheiro, sua voz? E a respeito dos meus amiguinhos, como eles eram? Tinha algum em especial? Eu gostava de ir à escola? Era divertido? Ou eu tinha algum medo?

    Aqui você já estava maior, tente forçar mais as lembranças.

- O que as pessoas que me criavam falavam a respeito de outras pessoas?

    Relate a impressão que você tinha, se elas criticavam, invejavam, ou falavam bem de outras pessoas.

- E a respeito do dinheiro, do governo e sobre sexualidade? Eu podia me expressar? Como os adultos se dirigiam a mim?

    Coloque como você se sentia com essa orientação. Você podia fazer escolhas, como por exemplo, a maneira de se vestir? Podia expressar sua opinião sobre política ou o orçamento da família? Falavam sobre sexo?

- Continuei crescendo e comecei a observar mais, eu achava muitas coisas legais e queria tê-las.

  Que coisas eram essas, que profissões você achava que eram interessantes? O que os adultos à sua volta diziam quando você expressava um desejo que eles nunca conseguiram realizar? Como você se comportava diante dessas opiniões? Ficava chateado? Costumava se encolher ante as críticas? Que ideias você foi criando a respeito, diante da possibilidade de conseguir ou não certas coisas na vida? Quais os três adultos que mais o influenciaram na vida? Por quê? O que eles diziam? Ainda o influenciam? Você ainda se preocupa com a opinião deles?

- Durante minha infância e adolescência passamos por algumas coisas tristes:

  Alguém próximo a você morreu, perdeu o emprego, faliu, ficou doente, se acidentou? O que você ouvia a respeito dessas coisas? Como os adultos à sua volta se comportavam diante desses fatos? O que você aprendeu em relação a que comportamento manter diante desses fatos?

- Cheguei à adolescência:

  Como você escolheu sua profissão? Por quem foi influenciado? Como foi o seu primeiro beijo? E a primeira relação amorosa? Com quem e onde aprendeu a respeito desses assuntos? Essas pessoas sabiam bastante para lhe ensinar? Quando adulto você continuou com as mesmas ideias e aprendizados a respeito desses assuntos ou foi buscar informações melhores a respeito?

- Tornei-me esse adulto de hoje e então:

    Quantas coisas você já tentou fazer na vida que não deu certo? Anos atrás você imaginava e desejava estar com a vida que tem hoje quando chegasse à idade que está agora? Era aqui que queria ter chegado? Você conseguiu ou não conseguiu? Como se sente a respeito desses resultados? Hoje, como e onde você se aconselha a respeito de coisas que pretende fazer e ainda não conseguiu? Quem são as pessoas que o apoiam quando você quer algo? Estas pessoas são bem sucedidas e aptas para isso? Ou você ainda fica dependendo de pessoas que não têm condições de opinar, já que não entendem nem das próprias vidas?

- O Hoje chegou, a partir de agora suas impressões passam a ser atuais, então faça uma analise de:

    O que você está plantado hoje em relação ao seu futuro? E o que sente a respeito de conseguir o que quer? Você acredita que pode e vai conseguir? Acredita que merece e que é fácil? Que sabe o caminho? Ou entende que precisa de ajuda?

- Bem, você reviveu parte das lembranças da sua vida e então:

    Que conclusão você chegou sobre que tipo de pessoa se tornou?

- Em qual dessas pessoas a seguir você acha que se enquadra?

    Uma pessoa básica na vida, que ainda precisa aprender muitas coisas para progredir, ou uma pessoa que acha que até sabe bastante, mas percebe agora que o que sabe está equivocado, pois ainda não conseguiu quase nenhum resultado concreto? Será que você precisa mudar muitas coisas ou só alguns detalhes?

Agora, faça outra lista do que você acredita que precisa ser mudado urgente, para poder, enfim, iniciar o processo de conseguir coisas interessantes para sua vida.

Quantas perguntas, não é mesmo? Indagar a si mesmo é essencial, é assim que podemos trazer à tona o que pensamos para nos concentrarmos naquilo em que acreditamos; aquilo que estamos sendo hoje. E então você se encontrará, finalmente, como se estivesse diante de um espelho: enxergando a si mesmo por você mesmo. Neste olhar o que vale é a sinceridade. Não adianta mascarar as coisas, é preciso olhar profundamente para a sua vida. Quem faz isso de forma bem sincera consigo mesmo, consegue ir muito além. Aliás, essa é outra característica das pessoas bem sucedidas emocionalmente, elas sabem muito bem quem são e, principalmente, o que ainda falta nelas.

Até aqui você conseguiu definir de onde veio, agora, o que falta aprender é o que você precisa entender para começar a progredir. Vamos para outro passo muito importante: o de assumir a sua nova caminhada. Isso mesmo, nova! Você aprenderá a fazer tudo sob outro ponto de vista. Quero que pare e se dê conta disto antes de continuar. Decida e assuma sua decisão. Agora!

Chegar aonde deseja deve estar muito claro na sua mente, assim como o caminho a percorrer. Faça então uma lista de passos que precisará dar para chegar a cada um dos seus desejos e distribua-os em sua rotina diária. Vou dar alguns exemplos bem práticos para que faça isso de forma eficaz.

A primeira coisa que precisa ter em mente é que precisa *ser para ter*. Não caia na tentação de planejar as coisas conforme aquilo que você conquistou antes. Não pense que tem que ter o dinheiro para pagar uma academia para somente depois começar a praticar exercícios. Entenda algo essencial: quando você decidir de verdade que vai chegar aonde deseja, passará a ver cada obstáculo como um pequeno e insignificante detalhe.

Se parar para pensar, hoje tem tudo na internet, qualquer coisa que queira estudar. As oportunidades estão disponíveis de graça o tempo todo. Então não podem existir desculpas na sua mente.

Ouço constantemente de clientes que eles não conseguem fazer determinadas coisas porque os outros não cooperam, porque o marido não deixa, ou que o filho toma muito tempo, etc. Só tem um nome para isso: desculpa! Quem realmente decide se organiza e vê cada dificuldade como um grande aprendizado, além de um incentivador. Pessoas bem sucedidas usam as dificuldades como trampolim em vez de âncoras! Estas pessoas dizem a si mesmas constantemente que isso não é nada, que vão conseguir mesmo assim. Você precisa entender que é possível se organizar para fazer o que deseja, e se ainda não sabe como, vá atrás, procure se informar, pesquise histórias de pessoas que conseguiram sem ter recursos, por exemplo. Essas pessoas que chegaram aonde desejavam, mesmo sem recursos, tinham algo bem específico em comum: decidiram fazer por elas mesmas, decidiram que os outros não as impediriam, são pessoas que nunca lutaram contra, porque sabiam que ir contra um obstáculo é perda de tempo, é mais fácil desviar dele, contorná-lo. Por exemplo: se você tem filhos pequenos e precisa estudar, se organize para estudar no meio deles ou em horas que eles estejam mais quietinhos.

Observe que as pessoas que querem realmente algo fazem aquilo acontecer de qualquer jeito, com o que tem e da forma que dá. Elas correm no frio ou na chuva se precisar e sentem-se vitoriosas todos os dias. Então, simplesmente decida chegar aonde você deseja. Vamos lá!

3

O antes e o depois de algo ruim ter acontecido em sua vida

Os acontecimentos na vida podem ser um grande divisor de águas. Vejo muitas pessoas que perderam a capacidade de serem elas mesmas depois de que algo "ruim" aconteceu na vida delas. Pessoas que depois de um divórcio, uma perda, um acidente ou qualquer outro acontecimento, como até mesmo uma palavra mal compreendida dirigida a elas, passaram a ter um comportamento fechado, encolhido. Essas pessoas criaram uma trava dentro de si, ou o acontecimento deixou uma trava que fez com que elas nunca mais fossem as mesmas. A boa notícia é que é possível recuperar aquela velha maneira de ser para que a pessoa consiga finalmente ser quem realmente é.

Você tem a impressão de que algo o segura? Sente que não tem permissão para ser quem você realmente gostaria de ser? Que não pode ou não deve ser você mesmo? Tem medo de tentar algo e ser tremendamente criticado? Se você respondeu sim a alguma dessas perguntas anteriores significa que você tem uma trava que o impede de progredir na sua vida. Eu defino como "trava" algo que atravessou seu caminho e paralisou você, o impedindo de seguir, de poder ser quem você é. Existem diversas maneiras pelas quais as pessoas travam na vida, mas a principal e mais comum é quando, depois do acontecido, cria-se uma ideia equivocada na pessoa a respeito do que ela pode ou não ser ou fazer. Acontece principalmente quando alguém acaba entendendo que não tem o direito de "ser" e passa então o resto da vida preso à sensação de que será sempre julgado e condenado, e de que o outro precisa permitir que ele faça ou não determinadas coisas. Ou ainda quando aconteceu algo ruim e a pessoa ficou com medo de que aquilo se repita, então passa a evitar a todo custo situações em que possa acontecer de novo. Depois daquilo a pessoa não se expressa mais como deveria, literalmente trava, fica com medo. Têm pessoas que travam ficando vermelhas, tremendo ou contraindo o corpo de alguma forma. O perigo é de que essas pessoas fiquem travadas para o resto da vida. Mas isso tem solução, vamos começar a destravar agora.

Muitas travas são criadas principalmente na infância, e podem ser carregadas por toda vida. É comum as pessoas criticarem umas as outras, mas quando esta crítica vem acompanhada de uma emoção negativa, também vem a ideia de culpa e, na maioria das vezes, a pessoa não tem culpa nenhuma, mas aceita aquilo como verdade. Dependendo da situação fica tudo pior. Imagine uma criança pequena sendo criticada por um adulto que não sabe muito bem o que está fazendo ou dizendo. O que acontece é que aquela crítica chega inteira e fica guardada dentro da criança como uma memória de algo errado que ela fez. Essa memória fica armazenada como se fosse um botão de perigo que é acionado sempre que algo semelhante volta a acontecer. Por medo de que aquilo aconteça novamente, a criança passa a evitar aquela determinada situação a todo custo, porque foi uma experiência ruim. Está então criada uma trava que pode ficar por muitos anos atrapalhando a vida da pessoa. O tempo vai passando e ela nem lembra mais do que aconteceu, ou lembra, mas não acha que aquilo foi tão pesado a ponto de virar uma trava. A grande questão é que essa pessoa continuará reagindo à situação de "perigo" pelo resto da vida, ou até o momento em que se livrar dessa trava. Portanto, toda vez que ela for exposta a uma situação parecida, reagirá com aquele medo na mesma intensidade.

Vejo muitas pessoas "esmagadas", "encolhidas" por fatos que aconteceram em suas vidas. Pessoas com potencial para serem extremamente bem sucedidas, mas que estão encolhidinhas com medo de sofrer, com receio de se colocar, porque têm muito medo de serem criticadas. Essas pessoas deixam de dar sua opinião, deixam de participar das conversas de forma livre, porque elas ficam o tempo todo selecionando em suas mentes o que vão dizer para que não sejam criticadas e para que não sofram com isso. Essas pessoas perdem a espontaneidade. Deixam de ser livres.

É preciso ter em mente que todo mundo julga tudo o tempo todo. Se pararmos no farol, ou mesmo na fila do ponto de ônibus e olharmos para o lado, vamos observar algo ou alguém, e junto a essa observação, iremos automaticamente emitir uma opinião qualquer como: que carro bonito! Que cabelo esquisito! Gostei dessa camiseta! Essa mulher não tem noção de como se vestir! E assim por diante. Continuando este pensamento, se você pegar algo e colocar na frente de dez pessoas e pedir para elas dizerem a sua opinião, você obterá dez opiniões diferentes, certo? Temos que nos lembrar de que não somos iguais, cada um tem sua opinião a respeito das coisas e isso não significa que por causa de uma opinião somos melhores ou piores, e sim que somos somente diferentes.

A pessoa travada fica profundamente presa à opinião do outro, porque um dia alguém tirou o poder dela através de um conceito ou de uma atitude, depois disso ela se encolheu, pois, aquilo que foi feito ou dito, a assustou pela forma que foi conduzido. Talvez a pessoa tenha gritado com ela, ou tenha feito cara feia ou algum comentário no qual a expôs a uma situação em que, além do medo, foi criada vergonha, culpa, etc.

A grande questão é: *como se livrar destas travas?* Vamos entender isso agora de uma forma bem simples.

A primeira coisa de que você precisa se dar conta é que, seja lá o que o travou, não é preciso necessariamente que se lembre, ou que descubra o que aconteceu para se livrar do problema. É possível fazer isso simplesmente se dando conta que existe uma trava. Ao se dar conta de que algo o está travando, você admite para si mesmo que alguma coisa não está bem e, consequentemente, de que precisa mudar. Se não chegar ao ponto de perceber o que falta, você não vai conseguir tirar a trava. É aquela velha história de que se você disser para alguém o que a pessoa precisa fazer, ela não o fará, a não ser que veja um sentido naquilo que está sendo mostrado ou dito, então a pessoa acredita ou se dá conta de que algo precisa ser mudado. O segundo passo é perceber que hoje a situação é outra. São outras pessoas à sua frente, outras situações. Entenda que deve virar um treino se lembrar disso, é preciso que a pessoa fique constantemente alerta de que a situação é outra. O terceiro passo é entender o equívoco que aconteceu. Se a pessoa se lembrar do ocorrido ela deve parar para pensar e entender que, o que foi dito ou feito, foi uma opinião de alguém, e neste momento é preciso também lembrar de que somos diferentes, ou ainda que aquilo foi feito por alguém sem noção do que estava fazendo.

Ao analisar o que aconteceu é preciso observar se o que foi dito ou feito veio de alguém com conhecimento de causa, ou se foi algo que foi dito da boca para fora ou feito inconsequentemente. É comum pais ou professores, por exemplo, dizerem que uma criança é burra ou algo parecido, sem se darem conta de que a criança não é burra e sim que ela não está aprendendo como deveria por causa de algo específico, como a idade, a falta de didática, etc.

As pessoas simplesmente afirmam coisas constantemente, sem ter a mínima noção do que realmente estão dizendo. Isso acontece, porque é mais fácil "etiquetar" alguém, ao invés de tentar descobrir como ajudar a pessoa a superar àquilo que é preciso. Se esse foi o seu caso, se disseram coisas para você que o travou, lembre-se dessas pessoas e as observe, perceba se o que disseram tem sentido. Será que seu pai e sua mãe eram psicólogos para afirmarem algo com tanta certeza assim? Acho que não, não é mesmo?

O que faz com que nos livremos das travas é o fato de nos darmos conta de que o que aconteceu passou, e que hoje a situação é diferente. O que acontece é que a percepção dos fatos nos leva a entender que aquele perigo não existe mais e que aquele poder dado outrora a alguém acaba nos retornando, porque entendemos que, quem nos infligiu algo, era, ou é, na verdade, alguém sem noção.

É preciso também perceber que a pessoa não fez aquilo necessariamente com a intenção de destruir o outro, e sim com a intenção de se aliviar de alguma forma, descarregando suas próprias frustrações no outro. Os fracos frequentemente ganham poder usando outras pessoas, pois quem é emocionalmente bem resolvido não precisa usar ninguém para ganhar poder.

Tem também as ocasiões nas quais um pai acaba repetindo a forma com que aprendeu de seu próprio pai e repete certos erros sem se dar conta disso. Quando a pessoa atingida percebe a situação, passa então a agir diferente, é quando a trava passa a se dissolver e ela vai ganhando seu poder de volta, vai se sentindo segura novamente.

Ganhar seu poder de volta significa parar de dar importância ao julgamento que outras pessoas fazem. Aquilo que aconteceu passa a ser visto de forma diferente. A situação passa a ser analisada sob outro ponto de vista, ao invés de a pessoa se ver como vítima do acontecido, ela entende que não foi um ataque pessoal necessariamente. E nos casos que foi algo direcionado especificamente a ela, existe, a partir do entendimento, uma compreensão de que aquilo veio de alguém sem conhecimento do que estava fazendo, de alguém fraco. Então ela fica livre finalmente.

O famoso psicólogo Carl Gustav Jung já dizia que: "*Não somos o que nos aconteceu, mas o que decidimos nos tornar a partir de agora.*" Pense nisso.

4
Se vendendo para ganhar amor

Todos nós buscamos algo em comum, que é amar e sermos amados. Buscamos trocas e experiências interessantes no nosso dia a dia. Desejamos coisas bonitas e alegres. E queremos avançar na vida, queremos descobrir mais! Temos necessidades que, se não forem supridas de forma correta, nos leva a buscar nos lugares errados e pelos motivos errados. A mais importante dessas necessidades é o amor. Desde pequenos buscamos ser amados, e se passamos por situações na infância que não supriram essa necessidade, ficamos com um buraco a ser preenchido. Algo ficou faltando.

Vejo pessoas todos os dias no consultório buscando preencher esta lacuna, pena que seja sempre da forma errada. Vamos entender isso melhor agora.

A necessidade maior de uma pessoa é a de ser amada, de ser aceita. Quando isso falta, principalmente na infância, ela sentirá um vazio e, consequentemente, tentará preencher isso de alguma forma. São pessoas que sentiram que não têm importância na vida. Geralmente elas cresceram em situações na qual não foram acolhidas, ou não se sentiram acolhidas. Foram crianças que tudo o que faziam não tinha valor para os adultos à sua volta. Ou passaram por situações em que foram julgadas e até maltratadas. Essas crianças crescem querendo provar ao mundo que têm sim valor. Mas, como sentem essa falta, como não tiveram o exemplo de como amar e serem amadas, elas acabam usando recursos emocionais negativos, além de outros recursos como o dinheiro ou objetos para angariar o amor das outras pessoas. Vou explicar sobre os tipos mais comuns.

Existem várias situações na qual a pessoa se vende para ganhar amor. Têm pessoas que fazem isso ao se submeter aos outros. Este é um dos tipos mais comuns. São aquelas pessoas que são bem boazinhas, porque querem ser vistas como alguém que tem valor, na cabeça delas, acreditam que se fizerem o que os outros querem ou precisam, vão enfim serem vistas, acolhidas, amadas, escolhidas. Têm pessoas que fazem tudo certinho pelo mesmo motivo, pois acreditam que assim vão ganhar uma espécie de troféu ou permissão para enfim serem vistas como merecedoras. Outras fazem de tudo pelos outros, porque acreditam que um dia seus esforços vão ser reconhecidos e vão enfim ganhar a categoria de "santas" e, por conseguinte, serem vistas, amadas, idolatradas por sua bondade. Têm aqueles que procuram ser melhores em tudo, porque assim ganham esse amor em forma de atenção e admiração, essas pessoas não percebem que estão vendendo a si mesmas através de algo que elas "conseguem" ou "fazem" e não do que elas "são", porque elas mesmas acreditam que o valor está no "ter" e não no "ser". Pessoas assim foram ignoradas na infância por aquilo que faziam de forma livre e espontânea e foram levadas a acreditar que os resultados são vistos como mais importantes. E é então que buscam se autoafirmar através da profissão, pois com um determinado título, acreditam que passam a ter mais valor. Outras fazem isso através das posses.

Já parou para observar que muitas pessoas buscam ser elogiadas por aquilo que conquistam, e fazem questão de demonstrar isso aos quatro ventos? Pois é, essas pessoas sentem-se amadas quando alguém escreve nas redes sociais, por exemplo, algo do tipo "linda" ou "coitada". Vivem constantemente chamando à atenção dos outros para enfim serem vistas e amadas. Um "linda" equivale a ser amada e querida. Um "coitada" equivale a "ser vista", e quem sabe ganhar algum tipo de recompensa pelo sacrifício ou por algo que está passando. Estas pessoas esperam ser salvas, que alguém conserte as coisas para elas. São do tipo que não se mexem muito na vida, porque se ocupam bastante em serem vistas, então assumem um papel de vítima de alguma situação. Ao chamarem atenção elas ganham uma espécie de apoio. O problema é que estas pessoas não percebem que, compartilhar algo trágico ou fútil, não a leva a nada. As pessoas que comentarem algo sobre o acontecido ou sobre a foto bonitinha que foi exposta, farão isso de forma automática, não resolverão a vida delas. Gente bem sucedida não divide o que acontece em seu dia a dia o tempo todo, elas já entenderam que ninguém resolve algo por elas, não desta forma.

Existem também aquelas que vivem dando algo para serem amadas, compram outras pessoas através de presentes, ou de situações que equivalem à facilidade. São pessoas que mantém outras por perto não pelo que são e sim por aquilo que têm ou oferecem. Estas pessoas descobrem, infelizmente, que quando o dinheiro acaba, é muito provável que ela estará sozinha, porque o que foi oferecido era vazio.

O que vale na vida é a vivência do verdadeiro, é buscar o que realmente é real em vez de se enganar e buscar algo que mascare o que precisa ser visto. No consultório, é muito comum ver casos de pessoas que dizem a si mesmas e ao mundo que são algo que, depois de algumas consultas, fica evidente para elas mesmas que não são. São pessoas que acreditam no que são e passam uma imagem totalmente diferente ao mundo, elas não percebem que o que dizem e fazem é totalmente contrário à sua essência.

Quem realmente é, não se preocupa em ficar mostrando ou falando a respeito do que faz ou do que conquistou na vida. Enquanto a pessoa que não se descobriu de verdade, tenta a todo o momento se afirmar, esperando reconhecimento daquilo que está fazendo ou tentando fazer.

É preciso chegar ao verdadeiro para que a pessoa tenha um ponto de partida e consiga mudar. Enquanto essa pessoa não assumir o que falta, que algo não foi aprendido e que ela não é boa o suficiente ainda, nada vai mudar, ela vai continuar no irreal, no mundo de Bob. É preciso compreender que não é um defeito não ter ou não saber. Essas pessoas que ficam no irreal acreditam que aquilo que elas precisam ter elas já tem, e é por isso que elas não vão muito longe, porque não enxergam a verdade, não conseguem observar ou não têm coragem de observar para verem onde realmente estão, o que realmente alcançaram e o que falta.

Tudo isso pode começar a mudar quando se assume essa caminhada, como eu já disse antes, o que já aconteceu não precisa continuar definindo sua vida e suas possibilidades, você pode decidir agora como vai descobrir. Grandes conquistadores descobriram uma saída. Se você pesquisar histórias de pessoas bem sucedidas vai descobrir que a maioria delas teve os mesmos tipos de problemas que você teve. Pesquise e vai se surpreender. A diferença entre essas pessoas e você é só uma: você AINDA não decidiu descobrir "como".

Quando eu digo "como" quero dizer que você deve assumir o seu caminho, criar uma rota, mesmo que ela não exista. Não importa o ponto que você esteja na vida. Os resultados são como uma receita de bolo, se você tiver a receita, os ingredientes e seguir as instruções, é impossível não conseguir. Você só não pode desistir. É preciso entender que os conquistadores não desistiram, por isso conseguiram, você só fracassa se parar de tentar.

Entenda que só ter a receita do "como" não é suficiente. É preciso aprender a seguir as instruções e esperar até o bolo ficar pronto, você não deve descuidar de nenhuma parte. O que acontece com a maioria das pessoas é que elas estudam "como" devem agir, concordam, começam a seguir a receita e se perdem pelo caminho, mudam a rota, e é claro, não conseguem. Vou dar um exemplo obvio e simples na teoria, mas que na prática, a maioria não consegue levar adiante, porque não tem força emocional suficiente. Se uma pessoa quer emagrecer e ela seguir os passos de quem conseguiu, à risca, ela vai obter sucesso. Um gordo que passar a comer da mesma forma que o magro, que se exercite como um magro, certamente em algum tempo estará magro.

Quando falo sobre perder a força para seguir adiante, quero dizer com isso que muitas pessoas não se dão a chance de fazer algo funcionar, porque, lá no íntimo, não acreditam que merecem. É como a pessoa acreditar que não merece ser magra, por exemplo. Ela vive sob uma ideia errônea de que precisa ser "castigada" por algo e por isso não se permite "ser" e então acredita que não pode "ter" pela mesma razão. Essas pessoas se sentem culpadas por desejarem algo, ou sentem que não são merecedoras, porque se acham inferiores, ou acreditam que fizeram algo errado. Acreditam que os outros podem e conseguem; menos elas. E é isso que as impedem de seguirem adiante. A solução é bem simples: é preciso desistir de provar qualquer coisa a alguém, é preciso entender que, não importa o que tenha se passado, todos temos o direito de, a partir de agora, fazermos diferente. Pessoas emocionalmente estruturadas não se castigam, elas aprendem e seguem em frente, sempre com a perspectiva de melhorarem. Elas não ficam se lamentando, olhando o leite derramado, e sim pegam um pano, limpam e partem para o próximo capítulo de suas vidas. Você precisa somente começar a copiar estas estratégias para conseguir também obter resultados.

5

Crenças – sua perspectiva sobre o mundo

Você já parou para pensar como se tornou esta pessoa que é hoje em se tratando do conhecimento que tem a respeito do mundo? Já parou para analisar suas verdades e de onde elas vêm? Crença é tudo que acreditamos como verdade, tudo que definimos como certo e errado. Você precisa agora se dar conta de que não nasceu com ideias formadas a respeito das coisas, essas ideias foram ensinadas a você desde quando nasceu, portanto você utiliza ideias de outras pessoas. Simples assim. A noção sobre o que é certo ou errado que você tem hoje veio de alguém que anteriormente lhe mostrou isso. Imagine-se desde pequeninho ouvindo definições sobre o que pode e o que não pode. Sobre o que é bom ou ruim, sobre o que existe e é verdade e o que não existe e não é verdade. Agora imagine um amigo ou outra pessoa qualquer, já parou para pensar que esta pessoa aprendeu de forma diferente de você? Ela tem conceitos e ideias do mundo diferentes, porque as pessoas que a ensinaram não foram as mesmas que ensinaram você. Já se deu conta de que aprendemos através de todos à nossa volta? De que algo que tenha visto uma única vez ou ouvido pode estar influenciando você até hoje? Esse é o grande ponto a ser observado. É preciso compreender que estas pessoas que nos ensinaram também aprenderam com alguém. E quem pode julgar quais estavam certas ou erradas?

O que acontece é que as suas definições sobre verdades vieram talvez de pessoas sem muito conhecimento para definirem algo como verdade ou não, como certo ou errado. É provável que você defenda uma ideia sem ao menos perceber que a defendia, pois é a única verdade que conhece, é o único ponto de vista que tem como opção. E também porque ouviu que outras verdades não estão certas. E então eu pergunto: como você saberá definir o certo e o errado então?

Existe uma fórmula para isso. Basta você observar se os conceitos que você tem são embasados no conhecimento em vez de serem embasados no achismo. Tudo deve ter uma explicação convincente para que você possa então entender e definir algo como verdadeiro.

O certo e o errado não existem, é uma questão de ponto de vista. Mas é importante que você busque entender de onde vem os seus conceitos, porque é bem provável que você siga ideias vazias, sem embasamento, sem sentido.

É comum também, apesar de não ser o ideal, as pessoas negarem o que não conhecem ou o que ouviram falar, sem ao menos conferirem, checarem, estudarem a respeito. Como é que alguém pode simplesmente dizer que algo é ruim, que é pecado, que não presta ou algo assim, sem ao menos entender de onde vem o tal conceito, se ele veio de pessoas que sabiam o que estavam dizendo, se faz sentido, se pode ser explicado. Como pode uma pessoa dar uma opinião sobre algo que não conhece? As pessoas fazem isso o tempo todo, falam de coisas sem entender, negam aquilo que não concordam sem perceberem que não concordam porque foram acostumadas a não concordarem.

Infelizmente é isso que as pessoas fazem, elas condenam o que não conhecem e não se dão ao trabalho de irem checar, de experimentar antes de darem sua opinião. Já parou para pensar que a maior parte daquilo que você considera como verdade, veio de alguém? Será que esses seus conceitos ajudam ou atrapalham sua vida? Não responda através de uma acho, reflita e só responda depois que checar estas informações.

Pessoas bem estruturas e bem resolvidas checam constantemente as informações. Elas não acreditam cegamente naquilo que leem ou ouvem, elas só dão a opinião delas depois de entenderem ambos os lados.

Um grande exemplo disso é que, ao ouvir uma fofoca, a pessoa emocionalmente desestruturada ouve, acredita, se espanta e passa aquilo para frente sem checar ou ao menos prestar atenção. Se alguma amiga sua vier contar uma fofoca de outra pessoa, você, por ser amiga dela, é capaz de comprar a ideia e apoiá-la, ao invés de observar o que aconteceu e se a informação faz sentido, etc. Agir assim leva você a um único resultado, que é o de pessoas que são controladas pelo mundo, ao invés de tomarem as rédeas da própria vida em suas mãos.

Quem entende este conceito não faz coisas que não tenham sentido, não faz algo mecânico ou só porque acredita que tem que fazer e pronto. Essas pessoas como eu já disse, checam, vão atrás de informações, questionam e vão elas mesmas nas fontes, buscam as próprias informações ao invés de simplesmente acreditar em quem pode não ter muito conhecimento. Talvez as pessoas que você ouviu a vida toda podem não estarem certas, a única forma de descobrir isso é checando, observando. Conceitos certos costumam levar a resultados concretos, plausíveis de serem vistos. Por exemplo, se você observar os conceitos que as pessoas à sua volta mantêm, vai perceber que muitos deles não trazem nenhum resultado concreto às suas vidas, são pessoas que carregam conceitos que não levam a nada e, invariavelmente, não conseguem muitas coisas pensando de uma determinada maneira. Em contrapartida, vai perceber que pessoas que mantêm conceitos mais concretos chegam a resultados que podem ser medidos em termos de sucesso. Precisamos tomar cuidado com conceitos que servem somente para justificar certas falhas, ao invés de termos aqueles que nos fazem entender o que precisamos fazer para conseguir resultados interessantes na vida.

Considerações desse tipo fazem as pessoas acreditarem que é difícil e pronto, por incorporarem a ideia de que é difícil, nem tentam muito e já se conformam. Estão acostumadas ao conceito antigo da desistência: "é difícil conseguir achar um bom emprego", ou "é questão de sorte conseguir um emprego da hora", ao invés de aceitarem o novo: "conseguir um emprego fantástico é uma questão de entendimento sobre os passos que a pessoa precisa dar para chegar lá." Ou seja, não é sorte, é aprendizado. Se a pessoa se colocar no caminho desse aprendizado, ela vai passar pelos estágios necessários, degrau por degrau e poderá chegar onde deseja. Não é questão de sorte, é questão de entendimento do "como".

Observe se as verdades que as pessoas acreditam têm base. Você vai perceber ao questionar sobre a fonte de algumas pessoas, que elas mesmas não fazem muita ideia de onde aquilo veio. Se a resposta for vaga, se a pessoa não souber o porquê daquilo ou se falar algo que não faz muito sentido, então você mesmo deve ir checar. Mas cuidado para não checar as informações através de uma indicação feita por essa pessoa, senão estará checando através das mesmas fontes dela. Você deve conferir como se fosse um cientista ou um advogado que observa ambos os lados. É preciso compreender antes de emitir qualquer opinião a respeito de algo. "Porque sim" não é resposta. Não aceite respostas vagas, aceite somente respostas concretas e que fazem sentido. E se pensarmos no que faz ou não sentido, vamos chegar à conclusão de que não faz sentido nenhum continuar seguindo "receitas furadas", que não chegam a lugar nenhum. Se sua mãe e seu pai pensavam ou pensam de uma determinada maneira sobre "como" as coisas funcionam e devem ser feitas, e você segue a receita deles, acreditando nas mesmas coisas e fazendo do mesmo jeito, basta observar aonde eles conseguiram chegar para se ter um parâmetro, portanto, se quiser ir além, vai ter que aprender muito mais do que eles aprenderam, isso não faz sentido?

O ponto mais difícil dessa situação é você largar, deixar para trás um conceito que na sua cabeça era o certo e muitas vezes único. É aqui neste ponto que muitas pessoas ficam no mesmo lugar. Pois evoluir significa adquirir novos conceitos deixando para trás os velhos, e muita gente acredita em seu íntimo, que não tem permissão para fazer isso sozinho, são pessoas que acreditam que alguém tem que deixar aquilo acontecer, que precisam ser aprovados. Pensando assim, estas pessoas ficam sempre a mercê de certos limites. Não se atrevem a ousarem e irem além e acreditam que seria desrespeitoso fazer isso, ou que não devem porque acham que precisam se contentar com o que já têm. Elas acreditaram que ter vontade de ir além seria proibido, ou até pecado. Muitos desses conceitos são religiosos e se aplicam a muitas áreas como dinheiro, sexo, prazer, etc. Essas pessoas ficam travadas porque acreditam que não podem e até que não é certo ir além, que não devem, acreditam que existe alguém julgando e vigiando para que elas não se atrevam. Isso tudo porque incorporam a ideia de que ir além não é bom.

Quantas ideias você carrega em sua mente que não levam a nada? Por que você acha que certas coisas precisam ser feitas de determinada forma? Por que você se obriga a fazer o que não gosta em vez de fazer o que é melhor para você?

Pessoas de sucesso se organizam emocionalmente e entendem do que gostam e do que não gostam. São pessoas que conhecem a si mesmas. Elas não se forçam, somente se esforçam. A diferença é que ao se conhecerem elas fazem o que precisam fazer sem se machucarem, fazem por si mesmas e não pelos outros.

Você já reparou que muitos dos que chegam lá, chegam sozinhos? Isso significa que fizeram uma escolha, decidiram aprender, seguir sem esperar que os outros os incentivem. Essas pessoas passaram a compreender que os que ficam para trás simplesmente ainda não conseguem entender o que eles já entenderam e, portanto, desistem da pretensão de serem aprovados.

Pessoas que venceram sabem muito bem que com certeza serão julgadas por aquelas que ainda não entenderam o que elas já sabem. A diferença é que estas seguem em frente, evoluem e conquistam o que desejam enquanto os que não entendem continuarão lá do mesmo jeitinho.

Seguir, evoluir, conquistar significa carregar mais conhecimento e entendimento sobre como as coisas funcionam e, consequentemente, ter muito mais resultados. Se você sabe como algo funciona exatamente, vai conseguir muito mais resultados, ao invés de conseguir somente o básico. A informação é o progresso. Pessoas bem sucedidas não são pessoas ignorantes, são pessoas que sabem muito, e elas sabem, porque se colocaram no caminho do aprendizado, foram buscando saber ao longo de suas vidas o que ainda faltava para aprenderem e conseguirem mais. Quem você acha que é mais capaz? Um profissional que se formou sem se esforçar muito, que passou raspando, que depois que conquistou um emprego estacionou na vida, ou aquele que sempre quis saber mais, que foi além do que era ensinado, que pesquisava, perguntava e que depois que se formou procura sempre continuar informado e continua sempre estudando? Desses, quem ganha mais e vai além? Basta observar, pessoal!

6
A fórmula do saber "como"

Ninguém nasce sabendo, muito pelo contrário, nascemos extremamente crus em conhecimento sobre as coisas da vida. Como já expliquei no capítulo anterior vamos crescendo e adquirindo conhecimento através de todos ao nosso redor. Geralmente, uma pessoa se desenvolve e consegue os resultados na vida até mais ou menos o mesmo ponto em que as pessoas que conviveram com ela conseguiram chegar. Isso porque os conceitos adquiridos ao longo da convivência com estas pessoas têm um limite, o limite que elas chegaram e o que elas entenderam que conseguem. Portanto, você é resultado da soma do conhecimento das pessoas com a qual conviveu e convive, chegando assim a um limite, até agora pelo menos.

Existe uma fórmula mágica, simples e toda poderosa que fará você chegar com certeza aonde deseja, vamos chamar esta fórmula de receita. Esta não é uma receita fácil de seguir, mas é simples e eficaz.

Não importa onde você esteja neste momento da sua vida, não importa se falta pouco para você chegar lá ou se falta tudo, para começar você precisa somente se colocar neste caminho que vou ensinar. Vamos lá?

Primeiro entenda que existe uma maneira e um caminho para conseguir um determinado resultado, se você continuar tentando com o conhecimento que usou até hoje na sua vida, vai continuar provavelmente não conseguindo, ou obtendo as mesmas coisas que conseguiu até agora. Você vai precisar sair do seu conceito de "como" e entender um novo conceito de realização. Para isso é necessário que passe a observar uma atitude diferente, feita por alguém que já trilhou e conquistou o que você deseja. Em outras palavras, você precisará de novos exemplos a seguir na vida. Não estou falando em abandonar as pessoas que convive, mas sim em abandonar a forma como elas fazem as coisas. Você fará diferente e obterá outros resultados.

Desejar somente não levará uma pessoa a ter bons resultados, e mesmo que por sorte você consiga chegar aonde deseja, se não tiver a receita de como se manter lá o resultado não será duradouro. Um bom exemplo disso acontece quando alguém ganha algo que não está preparado para manter, como pessoas que ganham na loteria. Se uma pessoa que não entende de finanças e administração ganhar um bom dinheiro, dificilmente conseguirá manter esse dinheiro por muito tempo, porque ela não entende de finanças. Pessoas despreparadas sairiam usando o dinheiro e gastando sem nenhuma noção, e em pouco tempo voltariam ao ponto que estavam.

Outro exemplo acontece quando você ensina algo para alguém que não está maduro para aprender aquilo, a pessoa pode até aprender, mas não saberá usar o conhecimento como deveria. Você pode, por exemplo, conseguir ensinar um pré-adolescente a dirigir um carro, mas ele não terá a mesma responsabilidade que um adulto tem e poderá provocar um sério acidente.

Portanto, tudo aquilo que você não tem ainda na sua vida, é somente fruto da falta do saber como adquirir. Não tem nada a ver com o que muitos acham, de que só consegue resultados aqueles que tiveram sorte na vida ou os que têm oportunidades. O caminho quando não existe, você pode e deve criá-lo.

Desde que entenda que para criar um caminho que o levará ao que realmente deseja ao invés de algo mais ou menos, você precisará aprender.

Uma coisa importante a ser aprendida neste processo de criação da realidade do que você deseja, é que é preciso movimento. Nada pode ser criado sem que algo mude. Não dá para obter resultados sem mexer em nada, sem fazer mudanças. É uma grande ilusão quando a pessoa fica sonhando sem perceber que o que deseja não vai acontecer, porque ela está somente esperando que algo aconteça. Todas as pessoas que tiveram resultados que desejavam em suas vidas fizeram algo para criar este resultado. Não se iluda mais, planeje e crie espaço para que as mudanças aconteçam.

Vejo muitas pessoas esperando as coisas mudarem em vez de mudarem as coisas. Fazer acontecer é uma questão de fazer, não é uma questão de desejar. Fazer é uma questão de se mover, e não de esperar como muitos fazem, e por isso não chegam a lugar nenhum. Repito novamente, as pessoas que chegaram lá, as pessoas bem sucedidas, as que fizeram acontecer, entenderam este ponto básico, porém essencial. Elas fizeram, elas não esperaram. Entenda isso de uma vez por todas.

Outro ponto comum àqueles que conseguem, é que eles não perdem tempo com o passado. Eles aprendem com os erros, mas não ficam na eterna lamentação. As pessoas que se prendem a algo que aconteceu, no fundo não entenderam ainda que podem elas mesmas deixar o que passou para trás. A maioria das pessoas que fica presa ao passado acredita que precisa ser castigada. Essa ideia de castigo vem principalmente das religiões que pregam uma ideia errônea de que nunca podemos errar. Estas pessoas que estão com essa ideia incorporada não conseguem sozinhas se livrarem da culpa, porque acreditam que somente algum tipo de ser especial pode perdoá-los. Pessoas passam anos e anos se lamentando, se culpando e não conseguem passar de um determinado ponto. Suas vidas param depois do acontecido e elas perdem a força e a capacidade de continuarem lutando por si mesmas e passam somente a sobreviver. Elas somente ainda não entenderam algo essencial, não aprenderam a se livrar da culpa.

A culpa é um estado de consciência que diz à pessoa que da parte dela algo foi feito de forma errada ou foi negligenciado, trazendo consequências ruins. É preciso entender que, seja lá o que foi que aconteceu, o tempo não volta, não é mais possível fazer novamente e mudar o que aconteceu. Portanto, para se livrar da culpa, a pessoa precisa analisar o que aconteceu por ela mesma, ao invés de continuar acreditando que isso precisa ser feito por alguém externo a ela como um santo, um padre, Deus, etc. Evoluir significa crescer, entender e prosseguir. Ascender significa carregar mais luz e a luz vem através do conhecimento, quanto mais uma pessoa entende, mais ela sabe, e menos erros ela vai cometendo ao longo da vida e de toda sua existência. Ao analisar, a pessoa chegará a uma conclusão do que aconteceu da parte dela e então se dará o autoperdão. Isso é possível quando o entendimento é sincero e o arrependimento acontece. Através do arrependimento a pessoa entende e deseja que aquilo não aconteça novamente, ela se compromete a fazer melhor da próxima vez e então evolui. Pare de pensar que você precisa ficar sendo castigado por toda a eternidade. Admita os seus erros, procure entendê-los e se for necessário busque ajuda de um terapeuta para refletir sobre isso, mas siga em frente. As pessoas que ficam presas não entenderam o que significa amadurecer.

Amadurecer é compreender e seguir em frente com mais entendimento e uma possível solução para fazer melhor da próxima vez. Mesmo em casos em que aconteceu algo bem grave, a melhor alternativa é entender. É preciso compreender que se você tivesse a consciência que tem hoje e o entendimento de que é por isso que se ressente, você não teria feito ou deixado acontecer certas coisas, certo? Portanto você amadureceu, entendeu, e o fato de já saber disso o fará ser cada vez melhor.

As pessoas que seguem com suas vidas se dão a chance de continuarem melhorando e amadurecendo continuamente, elas não se culpam tanto por seus erros, somente procuram não cometer os mesmos erros. São pessoas que se responsabilizam por todos os seus atos, até aqueles que ninguém está vendo, e isso pode ser chamado de consciência divina. A consciência divina é a compreensão absoluta de que tudo nos pertence, e que o outro também é como nós.

A pessoa que adquire esta consciência sabe que está num processo de evolução constante e, portanto, ela mesma vai moldando sua própria vida. É você que faz todas as suas escolhas, desde o pensamento até ao que acontece na sua vida. Quanto mais consciência divina uma pessoa tem, mais poder ela tende a adquirir. É um poder diferente daquele exercido sob o outro, possibilitando à pessoa que transite pela vida como deseja. É o poder onde a pessoa não se engana nunca mais, porque ela sabe que tudo que atinge o outro atinge a ela mesma, e por saber disso, vai facilitando a vida de todos, porque assim facilita a sua própria vida.

Observe pessoas maduras e bem sucedidas e perceba que todas elas passaram por dificuldades, e também erraram, e o que fez com que elas mantivessem sua sanidade e conseguissem ser feliz, alcançando bons resultados em suas vidas, foi o aprendizado que tiveram com os próprios erros. Elas aprenderam e continuaram seguindo em frente. O lema deve ser sempre este, seguir em frente e cada vez melhor.

Maturidade é ir além, é enxergar porque a pessoa decide aprender. Quando um aprendizado é verdadeiro ele realmente traz um grande alívio e uma grande gratidão.

Outra característica dessas pessoas é a gratidão, elas se sentem abençoadas por aprenderem, por compreenderem. São pessoas que olham para trás e sentem gratidão pela vida em vez de se lamentarem o tempo todo. Pessoas que se lamentam ficam presas e não prosperam em nenhum sentido. É preciso compreender que o mais importante é a pessoa dar um jeito de fazer o que precisa ser feito em vez de ficar sofrendo e frustrada.

Pessoas que conseguem, continuam sempre em frente ao invés de pararem e ficarem olhando para trás. Elas não perdem tempo e se dão o direito de progredir e assim o fazem. Portanto, siga em frente, não importa onde esteja o seu passo neste momento, continue.

A fórmula do "Saber Como" é simples, basta seguir uma receita que dará certo, mas precisa ser uma receita já testada, ao invés de uma que não deu em nada. O lugar que você a buscará fará toda a diferença. Se você não recebeu esta receita ao longo da sua vida, decida por procurá-la. Ninguém está prendendo você. O seu cordão umbilical foi cortado logo após o seu nascimento, lembre-se disso sempre.

7

Adquirindo Sabedoria

Sabedoria é um entendimento que facilitará sua vida. Os sábios descobrem grandes verdades e as utilizam para conquistar o que desejam, porque conhecem o caminho para o entendimento das coisas. Saber é entender o que os outros ainda não entendem. Uma das principais características das pessoas sábias é o não julgamento. Eles não julgam, pois entendem que o outro ainda não aprendeu, ainda não vivenciou experiências suficientes para, enfim, não precisar mais julgar. Julgamos normalmente tudo aquilo que ainda não entendemos, tudo que é diferente de nós e do que concebemos como verdade.

Pare para prestar atenção e você vai perceber esta grande verdade, vai entender que tudo o que você não gosta provavelmente conhece superficialmente. É mais simples negar do que ir buscar saber mais a respeito de algo. É comum as pessoas negarem e também se recusarem a buscar outras verdades, porque acreditaram que não podem fazer isso, que é pecado e que devem ser obedientes. E este é o grande motivo pelo qual elas ficam no limite na maioria dos casos.

Como já disse anteriormente, pessoas bem estruturadas emocionalmente são extremamente flexíveis, elas se abrem para novas ideias e buscam sempre saber mais a respeito de diversos assuntos, ao contrário daquelas não tão bem sucedidas emocionalmente, que preferem ficar no mundinho conhecido delas. Preferem ficar no quentinho, confortáveis.

Essas pessoas fazem sempre tudo da mesma forma, preferem aquilo que conhecem em vez de se abrirem para o novo. Acreditam que ir além pode ser perigoso, ou seja, estão presas à ideia de que saber mais é proibido ou algo assim. Muitas dessas pessoas preferem continuar sofrendo, mas estar em uma situação conhecida, do que buscarem algo novo e desconhecido. O conhecido traz conforto e o desconhecido traz algo não previsível e, portanto, causa medo.

Arriscar é justamente apostar em algo que pode ou não dar certo, é lidar com aquilo que não conhecemos e não temos controle. Mas, se pararmos para pensar, vamos descobrir que mesmo no conforto de uma vida previsível e, portanto, segura, pode acontecer algo imprevisível. Ou seja, ter uma vida na qual a pessoa comanda o que acontece não é garantia nenhuma de que algo ruim não vá acontecer. É como escolher fazer todos os dias o mesmo caminho para o trabalho, achando que assim não acontecerá nada já que você conhece o caminho, em vez de tentar um caminho diferente que pode ser muito melhor, mas que a pessoa não tenta por medo das possibilidades perigosas que podem aparecer pelo caminho. Pessoas que agem assim evitam fazer coisas prazerosas em função desse medo, evitam conhecer algo diferente e se abrir para uma possibilidade melhor.

Pagar o preço é necessário, as pessoas geralmente ficam com medo deste preço achando que não vão conseguir e preferem ficar com o velho e conhecido jeitinho de sempre fazer tudo igual, conseguindo os mesmos resultados. Elas não percebem que já estão pagando um preço de qualquer forma por isso, e que esse preço se apresenta na forma de frustração com a própria vida, ansiedades, e todas as doenças causadas por todo o desagrado que elas têm com suas próprias vidas. Sim, porque o desagrado, a frustração, corroem nossa alma e com o tempo nosso corpo demostra nosso desapontamento. É preciso pagar o preço para ser feliz, e este preço é muito mais simples de se pagar do que imaginamos. Pagar o preço exige disciplina, novos e construtivos hábitos que farão a diferença. Para que isso aconteça, para que você consiga construir novos caminhos é preciso dizer a si mesmo que você fará novas escolhas a partir de agora, que fará escolhas diferentes. Vai escolher ir embora mais cedo de certas festas para estudar algo que mudará sua vida, vai escolher comer um só brigadeiro, ou até dois, porque prefere passar um minuto de vontade ao invés de ter gordura acumulada em sua barriga pelo resto da vida.

As pessoas acham sempre que um dia vão mudar ou que um dia tudo ficará mais fácil, que novas oportunidades aparecerão. Isso é somente desculpa. Nada acontecerá de graça, tudo têm um preço, então ou você se dá conta disso hoje e começa a sua grande mudança, ou vive desta desculpa que conforta de alguma forma e se conforma com a ideia de que daqui uns 15 anos estará tudo igualzinho na sua vida, com a diferença de que você terá uns cabelos brancos a mais.

Agir com sabedoria é essencial também nas relações. Nosso propósito maior é aprendermos a nos relacionarmos, e para isso é preciso interagir. Para interagir você precisa ter em mente que vai precisar sempre testar o território para saber até quando pode e deve ir com cada pessoa. Observar isso é algo essencial para que você obtenha sempre progresso em seus relacionamentos. Lembre-se sempre de que as pessoas são diferentes e, portanto, quanto mais flexível e aberto para entender o ponto de vista do outro você estiver, mais simples será para você. Para entrar no mundo do outro é preciso sair do seu mundo antes, assim você poderá compreender verdadeiramente. Não estou dizendo que você precisa aceitar o ponto de vista do outro sempre, o que vai acontecer é que, quando você começar a entender verdadeiramente o outro, passará a respeitar e entender que ele está no tempo dele e que este tempo é diferente do seu. E assim, pode parar de exigir e de criar expectativas irreais.

A flexibilidade da pessoa sábia é aquilo que a faz sempre evoluir, ao contrário do tolo, que prefere ficar na discussão e na competição para ganhar algo sobre o outro ou porque não quer dar o braço a torcer. Já dizia o filósofo Sócrates, que o indivíduo começa a ficar sábio quando começa a admitir que pode não estar certo. Ele explicava que quando a pessoa sabe que não sabe, ela fica menos insistente em querer ter razão, e isso traz a sabedoria para observar as coisas. O sábio é antes de tudo um grande observador, ao contrário do tolo que não costuma prestar atenção a quase nada e briga por defender o seu ponto de vista, que geralmente é o único que conhece.

Quantas e quantas pessoas vemos por aí defendendo suas ideias sem jamais parar para estudar ideias vindas de outras fontes? Muitas, não é mesmo? Não seja uma delas, seja sábio, silencie, observe e seja muito cuidadoso ao concluir qualquer coisa em sua vida. É por isso que desde a antiguidade sabemos que a sabedoria se adquire com o tempo, e acredito que, tempo se traduz em experiências vividas, quanto mais experiências construtivas a pessoa for tendo ao longo da vida, mais ela ficará sábia. Mas são as experiências *vividas*, não as *observadas*. Portanto, uma pessoa de 30 anos pode ter muito mais sabedoria do que uma que tem 70 e nunca foi muito além. É aquela velha história, criança criada no quintal não sobrevive na selva.

8

A fórmula da gratidão e a realização espiritual

Alcançar entendimento na vida a ponto de não precisar mais combater nada que acontece a você, pode ser chamado de realização espiritual. Realizar-se espiritualmente é sentir-se completo, pleno. É conseguir aceitar que tudo está no seu devido lugar, porque simplesmente tudo faz parte de um processo de intenso aprendizado. As pessoas sofrem porque tentam controlar este processo e também por esperarem que certas coisas aconteçam da maneira que elas desejam. Se entregar ao que acontece é essencial para que a vida flua como precisa fluir. Mas é claro, este é o aprendizado mais difícil que existe. Aceitar que devemos seguir o fluxo, que tudo pode ser de maneira diferente daquela que imaginamos, e que existe um motivo por trás de tudo o que acontece, é um desafio.

Somos seres espirituais por natureza e o propósito de todos é basicamente o mesmo: conquistar cada vez mais algo maior, algo melhor e sentir-se realizado com estas conquistas. Buscamos nos relacionar da melhor maneira possível na vida com as pessoas que fazem parte da nossa história. É neste tipo de relacionamento que está a grande dificuldade, porque queremos sempre do nosso jeito em vez de observarmos o tempo do outro.

Quando falo do tempo do outro quero dizer com isso que cada um evolui no seu tempo. Não existem aqueles que estão atrasados, existem simplesmente aqueles que ainda não entenderam certas questões na vida. Ainda!

Emocionalmente falando, criamos muitas barreiras para que este processo não aconteça como deveria acontecer. Alcançar a felicidade e sentir-se completo, sentindo que tudo está em seu devido lugar, significa também soltar tudo aquilo que não estamos sendo capazes de entender. Soltar no sentido de deixar fluir.

Ao longo dos séculos, muitas pessoas e instituições criaram manuais do que seria aceitável ou não para convivermos em harmonia. Mas essas regras foram criadas com finalidades diferentes da espiritual, justamente para impedir que as pessoas descubram por si próprias o que existe por trás de tudo. A igreja inventou os pecados capitais que deixaram as pessoas ao longo dos séculos presas às culpas e também a um poder superior que impede o crescimento pessoal ao invés de incentivá-las. Foi criada a ideia de que "alguém" nos vigia o tempo todo e com isso as pessoas passaram a ser grandes prisioneiras de si mesmas. Muitos vivem para provar que são bonzinhos ou merecedores de algo prometido que sempre virá depois. A ideia do pecado é uma dessas ideias que aprisionam e impedem o progresso pessoal de cada um.

Regras são importantes por um único motivo. Somos diferentes e precisamos entender como usar esta diferença com quem difere de nós. Portanto, as regras são essenciais para que o respeito exista. Mas as pessoas aprenderam a usar em vez de regras e respeito, a crítica controladora. Não percebem que criticam demais, e que tudo que é diferente não serve. Tudo o que foi ensinado diferente da forma que aprenderam significa, para muitas pessoas, algo ruim, errado e que não deve ter permissão para acontecer ou existir. Então a confusão foi criada. Nascemos e herdamos estas regras sem ao menos aprendermos a analisar se elas fazem sentido. É imposto a nós, um "como" preconcebido, juntamente a ideia de que ir além do aceitável nos causará dor e sofrimento. E este "aceitável" está dentro de uma ideia bastante limitada.

Você precisa entender uma ideia bem básica por trás de tudo isso. A ideia de que temos todos os mesmos direitos. Podemos todos ir até aonde desejarmos, podemos conquistar a vida que queremos, criar um futuro diferente e muito melhor, simplesmente entendendo que quem permite isso somos nós mesmos. Permitimos através do entendimento de que para evoluirmos precisamos somente seguir por um "como" diferente. É preciso aprender a prestar atenção nas fórmulas que existem em nosso mundo. Existe receita para tudo o que se imaginar, se você achar esse "como", achar a receita que precisa e segui-la à risca, sem escorregar, conquistará uma vida diferente.

Espiritualidade é diferente de religiosidade. Seguir um caminho espiritual significa seguir um propósito maior de uma forma livre. Se tornar alguém religioso significa seguir um caminho definido para chegar num mesmo fim. A religião é como um método, uma fórmula a ser seguida, como se fosse uma escola que ensina como chegar à energia divina. Eu acredito que temos momentos na vida em que é necessário seguirmos um método, principalmente para algumas pessoas que precisam se disciplinar. Mas chega um determinado patamar em que a sua alma pedirá para ir além, e muitas vezes, isso significa seguir um caminho solitário. Geralmente este caminho é tomado quando tudo aquilo que você ouve e aprende não condiz mais com o que você sente. Infelizmente a maioria das religiões tenta colocar você em um molde, em regras que não fazem muito sentido. Fazem isso para que consigam manter o rebanho em ordem.

Cansei de ver, por exemplo, padres, pastores, freiras, etc., em cursos de hipnose, desenvolvimento psíquico, cursos de mediunidade, buscando aprender mais sobre como dominar e compreender melhor a mente, a espiritualidade, a psicologia e não admitirem para os fiéis que fazem isso. Claro, ao admitir, eles estariam abrindo à porta para que esses fiéis por eles mesmos fossem buscar sozinhos as informações. Infelizmente funciona assim, muitas informações ficam escondidas e são negadas. Existem dois lados dessa moeda. Primeiro o lado em que, ao segurarem as informações, de certa forma, algumas pessoas ficam protegidas, porque para entender certos conceitos é preciso antes compreender como utilizá-los, além de total responsabilidade sob os efeitos causados, e isso só é possível acontecer através de muito estudo prático e teórico. Acho um perigo aqueles que se certificam para trabalhar com o lado emocional de outras pessoas em cursos que são feitos em poucos dias, muitos, em poucas horas, nesta onda de terapias holísticas dos últimos anos. Vejo pessoas que perdem o emprego e decidem fazer um curso de terapia holística, hipnose, etc., sem antes trabalharem a si próprias, sem estarem realmente capacitadas para isso. O outro lado da moeda é o conhecimento que fica nas mãos de pessoas egoístas que acham que escondendo ganharão algo a mais com isso. Essas pessoas acreditam que compartilhar significa perder.

Espiritualmente falando, existe um momento em que a pessoa receberá um chamado interior, que é como uma sensação de que precisa ir buscar mais conhecimento. Essa sensação faz parte da evolução pessoal de cada um, em que, chega um momento que sentimos necessidade de dar um passo a mais. Quando chega este momento o ideal é que a pessoa percorra este trajeto sozinha, ou seja, que ela mesma busque as informações que vão alimentar sua alma, que vão fazê-la entender mais do que aquilo que sabe até o momento. Então chega uma hora em que, ao ir adquirindo mais conhecimento, a pessoa passa a enxergar o mundo de forma muito diferente, passa também a perceber que as pessoas neste momento vão se dividir em dois grupos, aqueles que sabem e os que ainda não sabem determinadas coisas e ensinamentos.

A grande sacada por trás disso deve ser a de que nunca aprenderemos o suficiente, haverá sempre algo mais para ser aprendido. Quando achar que sabe muito, que fez uma grande descoberta vai perceber cada vez mais novas versões da mesma questão. Vai perceber também que não existe fim, que podemos aprender cada vez mais. Neste trajeto, pelos aprendizados que irão aparecendo pela vida, a pessoa precisará aprender a lidar também com o ego, que é um sentimento equivocado na qual se acredita que sabe mais que o outro, que tem algo mais e que é superior por isso. É aquele sentimento que a pessoa acredita que é especial por alguma característica ou algo que sabe, etc.

O Ego é a pretensão de alguém achar que somente ele sabe; somente ele é. É a pessoa que acredita que tudo tem que passar por ela, que domina por achar que sabe demais. Quando o ego fala muito alto, a pessoa acredita que somente ela pode decidir, pensa que somente ela sabe o que é melhor para a vida dos outros e acredita que ninguém do seu convívio vive sem ela, ou que, sem ela, as pessoas vão se dar mal. Se acham essencial para a vida de outras pessoas. O ego acontece quando a pessoa usa demais na vida o EU: eu sei, eu vejo, eu posso, eu consigo, eu faço, eu sou, e passa a acreditar que só ela tem essa capacidade.

Quando a pessoa usa demais o ego ela esquece que também está evoluindo, e provavelmente não tenha ainda percebido que quando a verdadeira sabedoria chega, com essa sabedoria vem o discernimento de que somente SER, não significa nada, e que o mais importante é a compreensão do processo de cada um, do respeito. O tolo discute e se impõe, o sábio respeita e fica grato e calado sem se importar em ganhar.

Por trás de um ego inflado está uma profunda necessidade de ser aceito, então a pessoa cria uma personagem "poderosa" para ganhar esse amor que falta, e enfim, o reconhecimento de que tem algum valor.

9

Relacionamentos eficazes

Para que você consiga se dar bem na vida e com todos a sua volta, é preciso aprender a se relacionar de forma eficaz. A arte de se relacionar consiste em um entendimento bem básico de que as pessoas são diferentes de você. Partindo desse conceito, é preciso entender que lidar com pessoas significa sair do seu ponto de vista para entender o ponto de vista do outro em primeiro lugar. A grande dificuldade se encontra principalmente em lidar com aquelas pessoas que são diferentes de nós. Isso acontece porque automaticamente ficamos mais confortáveis e aceitamos tudo que é parecido ou tem algo a ver com a gente e repelimos tudo que é diferente e que não dominamos. Na vida, não temos sempre a opção de sair escolhendo pessoas para o nosso time, principalmente aquelas que sejam parecidas com a gente. É comum as pessoas terem que conviver no trabalho, por exemplo, com pessoas bem diferentes. Existem estratégias eficazes para lidar com as diferenças e se você treinar estas estratégias nunca mais terá problemas de relacionamentos. Para que você consiga lidar bem com qualquer pessoa, em primeiro lugar precisa desistir da sua própria expectativa em relação ao que gostaria que acontecesse. Num primeiro momento, é necessário observar o que realmente está acontecendo e não ficar imaginado coisas. Quando a gente observa, conseguimos enxergar o que realmente está acontecendo para então conseguirmos interagir da melhor forma possível. E a melhor forma em um relacionamento é quando a resolução fica boa para ambos, pela perspectiva dos dois envolvidos. É preciso se abrir para realmente ouvir o ponto de vista do outro.

Grande parte dos relacionamentos acaba não dando certo, porque partimos somente do nosso ponto de vista. Queremos encaixar o outro naquilo que a gente acredita, no que achamos que é certo, naquilo que queremos. Quando não respeitamos o outro, estamos invadindo o direito que ele tem de fazer o que acha que é bom para ele. Sempre que você impõe sua vontade, corre o risco de perder, mais cedo ou mais tarde.

Num relacionamento amoroso o casal precisa ser capaz de sentir a liberdade de cada um ser quem é. Quando um dos dois passa a agradar ao outro e se anula, com o tempo o relacionamento vai fracassar, porque isso trará um profundo sentimento de frustração naquele que se anulou. É muito triste quando num relacionamento o carinho, a atenção e todos os cuidados dispensados não são observados pelo outro parceiro, mas é importante entender que se o outro não observa, é porque não está tão ligado na relação, e para consertar isso é importante uma boa conversa, no qual um deve expor ao outro o que sente. Mas não como uma cobrança, deve ser somente um relato de como você se sente.

Para que um relacionamento dê certo é preciso haver maturidade de ambas as partes. É preciso compreender que não existe relacionamento perfeito, que aquele modelo Disney que conhecemos na infância é totalmente irreal. Em um relacionamento existem muitos momentos, e muitos desses momentos serão bem delicados. Agir com maturidade significa aprender a ter paciência, aprender a observar, a transformar e se adaptar a cada momento. É preciso compreender também profundamente o parceiro para que um consiga alimentar emocionalmente o outro de uma forma natural e confortável para ambos.

Alimentar o parceiro é observar o que traz conforto para o outro. É parar de ignorar o que o outro diz e em vez disso sentar e conversar a respeito. É comum alguém achar que não precisa de algo porque pelo próprio ponto de vista a pessoa realmente acha que não precisa, mas quando se trata de um casal, de uma parceria, não podemos simplesmente ignorar. Um bom exemplo disso é em relação aos gostos pessoais que devem ser mantidos: um gosta de filme de ação e o outro gosta só de comédia e um não gosta do tipo de filme do outro. Só que é um casal, certo? Então eu sugiro que cada um tenha a sua vez de escolher o filme alternadamente. Uma vez o casal verá filme de ação e o que não gosta disso fará companhia mesmo assim, mesmo que durma ao lado, mas não deverá reclamar, e sim aceitar, respeitar e incentivar. E da outra vez o casal verá o outro filme escolhido, da mesma forma, sem reclamar. Em uma relação é preciso ceder, é preciso compreender que o outro também precisa ter a vez dele. É como pegar um lugar na fila, você precisará esperar a sua vez.

Quando no relacionamento um enxerga isso e o outro não, é preciso encarar o conserto do relacionamento como uma tarefa pessoal e gratificante a ser cumprida. O primeiro passo é você se dar conta de que existe um modelo que seu parceiro está usando, um modelo de relacionamento, um modelo sobre a forma de se relacionar. Ou seja, ele ou ela aprendeu a se comportar em um relacionamento de uma determinada forma, através de casais que viu na infância, os pais, os tios, casais que estavam por perto. Todos nós temos modelos e infelizmente repetimos estes padrões de forma bem automática sem pararmos para pensar nisso. Fazemos assim também com a educação dos nossos filhos, com a forma de lidar com o dinheiro e com a forma de lidar com os cuidados em relação a nossa saúde, etc. São modelos, fórmulas que seguimos.

Bem, seu parceiro ou parceira está seguindo uma fórmula automática, ou simplesmente por não ter tido um modelo está fazendo isso de forma aleatória ou de qualquer jeito? Em primeiro lugar, se dê conta disso e entenda que ele não faz de propósito e sim que precisa aprender a fazer diferente, vocês juntos precisam aprender isso. Assuma que você também precisa aprender, e ainda, que precisa lidar com uma situação em que o outro não aprendeu. Pegue esta tarefa para si com carinho e você vai tirar grande parte do peso que carrega nas suas costas. Ao observar o outro, tenha muito cuidado em não criticar o modelo que ele ou ela teve, no caso, cuidado também para não criticar o pai ou a mãe de seus parceiros, não critique dizendo coisas que poderão ofender e lembre-se de que, se a pessoa não faz do jeito certo é porque ela simplesmente não aprendeu como fazer! Podemos ver também por outro ângulo. Que bom que você está tendo a oportunidade de entender isso, de aprender o que pode ser feito. Sinta gratidão pelo que você aprendeu, pois se você não tivesse o modelo que teve, ou se não tivesse as oportunidades que teve na vida, de aprender diferente, de forma melhor, mais estruturada, estaria igual ou pior, certo? Reflita sobre isso. Se alguém faz errado algo na vida é somente porque não sabe como fazer melhor. Pois se a pessoa soubesse com certeza faria diferente.

Vá aos poucos mostrando carinhosamente para o seu parceiro que ele aprendeu diferente, um bom jeito de fazer isso é usar casos de pessoas que não conhecem. Você pode, por exemplo, contar ao seu parceiro que leu algo a respeito e que se deu conta do seu próprio modelo e então deixar uma pergunta no ar do tipo: "Você já parou para pensar no modelo que a gente segue?" Não acuse, fale dos dois. Então pode emendar dizendo que casais bem sucedidos e competentes seguem modelos diferentes, e assim podem bater um papo a respeito disso. O objetivo é fazer o outro parar para pensar no modelo que segue e refletir na possibilidade de aprender um novo padrão. Não é algo simples e rápido, você precisará diariamente ir mostrando, ir lembrando, trazendo novos modelos. Ajudará muito se você usar modelos de pessoas que não estejam envolvidas. Pois se ele ou ela se sentir acuado vai negar e se recusar a enxergar e a mudar. Você precisará ter paciência, mas será recompensador. Faça isso por si mesmo, pelo seu parceiro e por todos ao seu redor.

As pessoas tendem a jogar a culpa pelo que não está dando certo no outro. Não param para observar o que está faltando, e principalmente não param para entender o porquê de o outro não fazer o que seria mais adequado. Também o "como" o que está faltando deve ser aprendido. Existe sempre uma receita por trás de tudo que é sucesso. Casais competentes seguem ensinamentos e receitas que funcionam, observam o que precisa ser ajustado. São leves e dóceis um com o outro, são companheiros. Apoiam e são apoiados. Chegar a este modelo é possível, basta você se colocar no caminho deste aprendizado e, com o passar do tempo, seu companheiro ou companheira seguirá os seus passos. Pessoas emocionalmente competentes buscam os erros e consertam, enquanto os emocionalmente desestruturados jogam a culpa no outro e ficam de braços cruzados. Tenha um novo lema em sua vida. O de que problemas são grandes professores em vez de achar que os problemas são destruidores de felicidade.

Outro ingrediente importante num relacionamento é observar a hora certa para fazer mudanças, para conversar e para mostrar o que é preciso. Cuidado para não fazer isso em horas impróprias, que são aqueles momentos de correria ou aqueles em que o outro está fazendo algo de que gosta muito, escolha um momento neutro. Comece também a estudar sobre o assunto relacionamentos, é importante você sempre estudar, assim terá cada vez mais cartas na manga, terá cada vez mais dicas de como fazer algo que é preciso. E lembre-se de que 90% da comunicação acontece de forma não verbal. Comece a observar isso. É muito interessante.

Outra parte que costuma pegar bastante é o relacionamento sexual, a maioria dos problemas relacionados a isso está na falta de aprendizado. Se pararmos para observar, a maioria das pessoas não aprende sobre isso, somente começa a vida sexual fazendo e pronto. Ouvem a respeito do assunto de fontes que na maioria das vezes não são estruturadas, vem de um achismo em vez de virem da realidade. Os homens precisam aprender sobre o corpo da mulher, seu funcionamento, etc., além de aprenderem a observar a parceira. Muitos homens acham que dão prazer às mulheres através da penetração, sendo que mais de 60% das mulheres não conseguem gozar desta forma, e estes homens simplesmente acham que por terem chegado ao pico do prazer a mulher também chegou. Por vergonha e mesmo por não saberem como o próprio corpo funciona, essas mulheres vão deixando para lá e com o tempo isso se torna uma grande frustração e uma obrigação. Então depois de um tempo o sexo fica em segundo plano e estas mulheres param de se arrumar, de se cuidar, e dão lugar a outros afazeres, abrindo uma brecha para que os seus parceiros busquem fora o que necessitam.

É preciso entender que os homens pensam e sentem de forma bastante diferente das mulheres, o que excita a mulher é o ouvido, é o que elas ouvem e o que sentem através do romance, do carinho, etc. Já o que excita o homem, na maioria dos casos, é o que eles veem. Para um homem ficar com vontade de fazer sexo basta olhar o corpo de uma mulher, ou imaginar isso, para a mulher ter vontade de fazer sexo ela precisa entrar no clima. O homem entra no clima como um forno micro-ondas, rapidinho, e uma mulher como um forno a lenha, demoradamente. Para a mulher querer transar ela precisa ser preparada antes, para o homem apenas um minutinho basta. Se durante o dia a mulher ficou chateada com o parceiro ela tende a se fechar e demora a resolver isso internamente, enquanto que um homem não mistura jamais estes sentimentos. Então aí vemos um grande problema. É preciso que os parceiros compreendam isso para que tudo se harmonize.

A mulher precisa compreender que estar arrumada, cheirosa e se vestir de modo adequado para o marido será sempre importante, não só no início do romance. Mas infelizmente não é isso que acontece, vejo muitas mulheres largadas depois de um tempo de relacionamento. É preciso estar sempre arrumada, bonita e bem cuidada. Este é um fato. Conforme-se com isso. E os homens precisam ser gentis, cavaleiros, precisam dar atenção à mulher porque ela é mais frágil emocionalmente mesmo, entendam isso e tudo será mais simples.

Se você tem problema em relação a se soltar, a ficar à vontade com seu parceiro ou parceira na cama, em primeiro lugar assuma que existe um problema e admita que precisa resolver isso. Vale ler a respeito, buscar um terapeuta ou algo para se inspirar, desde que você consiga resultados concretos. Ouvimos muitas coisas sobre o sexo que são ligadas a religiões e que trouxeram ideias de pecado, de desvalorização da mulher principalmente, ideias inadequadas e sem sentido. Entre quatro paredes, entre duas pessoas, é preciso haver sintonia, é preciso haver prazer, tem que haver confiança e nada melhor do que aquele sentimento gostoso de querer estar com o outro naquele momento.

Portanto, se isso não acontece no seu relacionamento, ou se nunca aconteceu, você precisa buscar ajuda, porque essa cumplicidade existe, com certeza. Tem gente que nem acredita nisso, acreditam que é invenção, que é exagero, mas existe sim, não é só na novela e nos filmes. Sexo é bom, é prazeroso e deve ser vivido. É uma criação de Deus, por que seria proibido? Por que seria ruim? Sexo é encontro, é ligação. É troca. É vida. Permita-se.

10

Vida profissional e pessoal equilibrada

Todo mundo precisa ter uma ocupação, todos precisamos nos sentir útil para que a vida faça sentido. Uma das piores frustrações que alguém pode ter é quando a pessoa não faz o que gosta e se vê presa a uma situação sem ter a mínima ideia de como sair dela. São pessoas que estão em profissões erradas, que se veem aprisionadas achando que não podem de jeito nenhum mudar por terem responsabilidades a cumprir. Estas pessoas ficam desejando uma vida diferente, os anos vão se passando e a vida vai sendo somente levada, nunca vivida. Se este é o seu caso você precisa entender que existe uma saída sim, mas que deve, no entanto, ser baseada em uma decisão seguida de um movimento. Mas precisa ser o movimento correto, para que as coisas melhorem em vez de piorarem. Neste ponto, as pessoas ficam presas por enxergarem a própria situação sem saída, por não acreditarem que existe um caminho, uma solução.

O movimento que precisa ser feito é literalmente mover-se. É necessário ir a uma direção diferente daquela já existente, e a melhor forma de fazer isso é através de pequenos passos certeiros. Quando digo certeiro, quero dizer com isso que você precisará se estruturar e se organizar. Talvez até precise aprender algo. O que fará a grande diferença na sua vida será a persistência aliada à paciência. Entenda que não é um passe de mágica, para você sair da situação em que se encontra precisará fazer algo diferente. Precisa entender que o ponto de partida é onde você está. Desista de querer que algo mude antes para que você então faça o que tem que ser feito. Entenda que, se as pessoas ao seu redor conseguem ter mais que você, é porque elas, de certa forma, sabem algo a mais.

Então se pergunte: o que eu preciso saber a mais para poder ter mais? Como eu posso aprender isso? O que eu posso mudar na minha rotina que fará toda a diferença? Será que eu precisarei estudar algo desde o básico? Será que eu só conseguirei tempo para estudar de madrugada? Não importa! Você precisa entender que este movimento não será fácil, terá um sacrifício, mas será um sacrifício necessário. Você acha que as pessoas que conseguiram algo a mais conseguiram por ter sorte ou porque estudaram mais? Se você tem dúvidas, simplesmente comece a observar e se possível, pergunte!

Pare de uma vez por todas de achar que as pessoas têm sorte, elas não têm sorte, elas têm garra. E se você não tem este ânimo que elas têm, compreenda que muitas delas não tinham também, mas decidiram tentar. Uma pessoa pode até ter facilidade para aprender outros idiomas, mas nada substituirá os momentos em que ela precisará sentar a bunda na cadeira e estudar, ler, fazer exercícios, ou juntar dinheiro para fazer um curso. Não existe milagre, existe organização. E se você não tem o dinheiro ou o tempo, substitua-os pelo o que você tem no momento. Se você observar, vai ver um monte de gente por aí que ao começar tinha muito pouco ou nada. Portanto, entenda que depende de você, não de nada externo.

Se você se encontra em uma situação profissional desagradável entenda que é preciso parar e analisar o que realmente acontece. Antes de culpar qualquer situação externa esgote todas as suas responsabilidades. Problemas relacionados à desorganização, comunicação, etc., podem ser resolvidos se você aprender como resolvê-los. Se o problema for relacionado ao ambiente físico de onde trabalha, faça um plano para ir para onde deseja. Mova-se. Mas entenda que neste plano não adianta você somente querer, é necessário que faça, aprenda, entenda o que precisa ter e ser antes de conseguir.

A maioria das pessoas peca por se iludirem e se encantarem com possibilidades melhores, sem olharem para si mesmas e perceberem o que nelas é preciso mudar, ou adquirir em termos de conhecimento ou comportamento para que elas possam então obter o que desejam. Repito, não é um milagre, é conhecimento. Pode reparar que as pessoas que sabem mais vão mais longe, são pessoas mais flexíveis, são pessoas buscadoras. Elas vão longe porque decidem não ficar presas às únicas coisas que aprenderam. Elas expandem os horizontes e vão além.

Outra situação comum é a das pessoas que são donas de casa. Na maioria das vezes estas pessoas simplesmente não tiveram opção. Elas simplesmente foram o que empurraram para elas serem, certo? Mas entenda que você hoje, adulto, pode fazer outra opção. Pode escolher, a partir deste momento, a aprender uma profissão, para então mudar de vida. Mas escolha aprender de verdade, aprender profundamente. Não faça de qualquer jeito. Mesmo que precise aprender desde o básico. Você tem o que muitas pessoas não têm: Tempo. Mesmo que tenha muitos afazeres, com certeza se você decidir se organizar arrumará um espaço para sentar e estudar. Decida não usar nenhum desculpa. Hoje a internet tem tudo o que é necessário para alguém aprender algo do básico ao avançado. Entenda que as pessoas a sua volta talvez não deem nenhum crédito por isso, mas será que você já não entendeu que precisa de crédito somente de si mesmo? Entenda também que não há outro jeito a não ser arregaçar as mangas e aprender algo para mudar sua situação. Pare de ficar esperando que um dia sua vida mude milagrosamente, quem fará este milagre acontecer será você.

Nunca será tarde para nada, cuidado com o que ouve por aí. As pessoas têm mania de dizer que você só poderá fazer as coisas de uma determinada forma, ou em uma idade específica. São somente crenças. Quase não existem opções que não possa fazer acontecer. Tudo depende do caminho que percorrer. A dica é que você escolha algo que preencha a sua alma, e para saber o que é isso, basta prestar atenção às coisas que gosta.

Quando algo nos preenche, nos traz aquele sentimento de estar fazendo aquilo de forma prazerosa, algo que faríamos até de graça, por puro prazer. Esta é sua vocação. Entenda também que vocação é diferente de talento. Talento é algo que você pode desenvolver, vocação é aquilo que vem da sua alma. Em ambos os casos não significa que já nasça sabendo tudo, mas que terá provavelmente mais facilidade de aprender aquilo que tem mais a ver com você.

Com certeza existe um lugar ao sol para você, um lugar onde possa ser feliz. Este lugar fica dentro de você. Quando sentir na sua alma satisfação por tudo o que vive, até mesmo pelas coisas que nem sempre dão certo, então saberá que achou o seu caminho. Eu um dia estava perdida, e quando resolvi me achar, descobri o caminho e isso fez a grande diferença na minha vida, portanto, faça você mesmo o que precisa ser feito.

11

A poderosa onda do presente

Um dos maiores aprendizados que tive foi aprender a me manter no momento presente. A única coisa que temos é o presente. O passado não poder ser consertado ou revivido, e o futuro ainda não chegou. Manter-se no presente abrirá todas as portas para você, desde que aprenda como manter-se em cima da onda. E manter-se na onda do presente não é tão simples, mas você pode treinar.

Quando você se distrai e começa a pensar em algo diferente daquilo que está fazendo, quando os seus pensamentos vagam por aí você já não está mais no presente.

Eu me dei conta de que um dos fatores que fizeram minha vida ir para frente foi eu me manter no momento presente nas situações mais difíceis. Eu fazia o exercício de não ficar me preocupando com o que ainda não tinha acontecido. Eu também não ficava tentando imaginar uma solução e nem ficava pensando no pior. Simplesmente me mantinha confiante no momento presente. Claro, é preciso ter certo sangue frio nestas horas, mas é o que fará toda a diferença.

Acostumamo-nos a tentar controlar como as coisas devem acontecer em vez de nos entregarmos e deixar acontecer. Quando você tenta controlar, fica criando e mandando energia para o que não aconteceu. Isso acontece porque se você começar a pensar em algo isso já está sendo afetado. O ideal é que você se mantenha neutro em relação ao que ainda não aconteceu. E se você estiver 100% focado no que estiver à sua frente, vai simplesmente estar na energia correta. Quando você fica pensando no que já passou, no que já aconteceu, vai sentir tudo novamente, e isso só ocupa o seu presente, atrapalhando você. Qualquer tipo de pensamento pode atrapalhar seu futuro, quanto mais neutro estiver em relação ao futuro melhor, você atrapalha menos.

Tente manter-se totalmente presente e sua vida vai começar a mudar radicalmente. Energeticamente falando, criamos nosso futuro no presente, o presente alimenta o futuro, mas se você estiver tentando controlar o seu futuro através de pensamentos, você não estará presente. O que cria um futuro excelente é a neutralidade, a serenidade, a paz e a confiança.

Você pode mentalizar e pensar positivo, isso ajuda muito, mas precisa fazer isso sem a energia da preocupação, sem nenhuma aflição ou insistência. Não pode ficar pensando no que deseja de forma desesperada, precisa ser com fé tranquila, que é aquela confiança inabalável. É um acreditar que algo bom vai acontecer de qualquer forma, sem nenhum apego ao como, quando e com quem.

A confiança necessária para deixar tudo acontecer vem, antes de tudo, de um grande entendimento de que tudo está no lugar certo. O dia em que você desistir de controlar tudo vai ter um grande alívio na sua vida. Não estou falando de um desapego irresponsável, e sim de um desapego no qual se tem uma grande aceitação de que tudo o que aparece na sua vida tem a ver com algo que você mesmo criou e atraiu. Nós somos criadores da nossa realidade, não da realidade dos outros, portanto, ao tentar controlar o outro já estamos errando. Mas quando você em vez de controlar o outro simplesmente interage com respeito, fica tudo mais fácil. Passamos a entender que as pessoas que ainda não fazem o que a gente gostaria ou aquilo que a gente vê como certo são somente pessoas que não entenderam ainda certas coisas, ou mesmo que fomos nós que não entendemos.

A vida é bela e os aprendizados podem ser belos também, a partir do momento em que enxergarmos que para tudo existe um porque e entendermos que nada é por acaso. Percebemos que são necessárias certas coisas na vida, e que as experiências só acontecem quando vivenciadas. A gente aprende que só somos o que somos hoje por causa de todas as experiências que vivemos até agora, as boas e as ruins. Ficamos mais forte, mais maduros e cada vez mais aptos a resolver melhor as coisas. Chegará um momento em que nada mais será um problema. É quando chega a sabedoria, que é nada mais nada menos do que o entendimento por trás das coisas em nossas vidas. A pessoa se torna sábia quando para de controlar, para de julgar, para de insistir.

O sábio vive o momento de forma intensa sem nenhuma pretensão, é como se estivesse a serviço de algo maior. Ele entende profundamente que tudo tem o seu tempo. Você já deve ter visto pessoas por aí que diante de grandes adversidades da vida, dão rapidamente à volta por cima, e elas fazem isso porque justamente aceitam sem tentar mudar nada. Quando algo ruim acontece para estas pessoas elas juntam os cacos e recomeçam. Não se lamentam, aceitam e seguem. Aqueles que não são sábios vivem de justificativas, desculpas, julgamentos e controle.

Escolha sempre seguir, escolha sempre se responsabilizar pela sua parte nas coisas, opte por não perder mais tempo com coisas que não voltam mais. Guarde no seu coração os bons momentos. Os momentos ruins simplesmente descarte. Eu sei que não é fácil, não é simples, mas se você treinar este comportamento emocional vai fazer um grande avanço na sua vida!

12

Os outros olhando e você lidando com os olhares

Conforme-se que é impossível não ser visto, não ser olhado e julgado. Fazemos isso o tempo todo. É algo natural e humano. Observe-se e vai perceber que é assim. Portanto, partindo deste princípio, de que olhamos e julgamos o tempo todo, percebemos que os outros fazem a mesma coisa. Enquanto andamos por aí reparando nas pessoas, elas por sua vez também andam por ai reparando em nós. É muito importante que você se acostume com esta ideia e desista de não querer ser visto.

As pessoas são diferentes por diversas razões, e isso nos torna únicos. Todas as pessoas que são diferentes, principalmente da gente, nos chamarão atenção de uma forma ou de outra. O grande segredo por trás desse princípio é desistir de não querer ser visto, ou seja, você precisa se conformar de que as pessoas vão sim ver você e pensar algo a respeito disso.

Vejo muitas pessoas que travam só de pensarem que serão julgadas. É comum no consultório virem pessoas que não conseguem se expressar em situações em que ficam expostas, e é interessante observar que elas têm a pretensão de não serem vistas, o que é impossível. Se você participar de uma reunião, por exemplo, e estiver em evidência, tenha certeza de que cada pessoa que estiver olhando para você terá uma opinião a seu respeito. Provavelmente opiniões diferentes.

A parte que você precisa se conformar está ligada ao fato de que, ao ser visto, você será automaticamente julgado. Se você se conformar logo com esta ideia e desistir de ser aceito, ou seja, desistir da pretensão de que julguem você de forma positiva, os seus problemas acabam. Lembre-se de que cada um terá uma opinião e se você não entende isso vai querer agradar a todos e aí sim será mesmo impossível. Nem Jesus conseguiu agradar a todos, por que você vai querer ser diferente?

Ao relaxar em relação aos comentários ou pensamentos dos outros em relação a você, certamente você irá perceber que vai ficando cada vez mais livre e espontâneo. E este estado é o desejável, na qual você passa a se expressar de forma tranquila e sem medo de ser desaprovado. Indo para uma reunião sem esta preocupação, você será simplesmente aceito ou não. A grande questão é que se você se lembrar disso a toda hora, vai parar de querer mostrar as pessoas o que elas querem ver ou ouvir e, em vez disso, passará a se colocar sem medo, porque já terá se conformado com a ideia de que será julgado de uma forma ou de outra.

Pense num artista famoso que você conhece. Você vai perceber que ele ou ela terá uma legião de pessoas que os amam e outra legião de críticos. Se para esta pessoa que ficou famosa não tiver muito bem claro que ser julgado é natural e que é impossível agradar a todos, ela ficará louca em pouco tempo, pois quanto mais uma pessoa cresce e é vista mais e mais será comentada. É o preço que é preciso pagar, é assim. O fato é que essas pessoas se acostumam a não ficar prestando atenção às críticas, elas simplesmente sabem que faz parte do processo. Assim será com você também.

Quando passar a seguir mais o seu coração e a fazer as coisas da sua forma, com certeza sempre terão pessoas ao seu redor que não vão gostar ou que não vão concordar e que, portanto, irão criticar.

Ir mais adiante, ter sucesso e brilhar, são formas de se destacar. Isso acontece porque as pessoas que tem mais resultados interessantes na vida, inevitavelmente ficarão em evidência e chamarão mais atenção. O brilho vai ofuscar os outros, vai incomodar, e isso é natural, já que as pessoas que se incomodaram não entenderam ainda que elas só não têm o que desejam porque não descobriram como ter.

Outro ponto importante a ser lembrado a todo instante é que as pessoas são muito diferentes, têm gostos diferentes, processam as informações de modo diferente e têm parâmetros de certo e errado diferentes. Portanto, você precisa somente se conformar com esta ideia para desistir de agradar a todos. Geralmente agradamos as pessoas que temos mais afinidade e desagradamos as que são mais diferentes.

Quando alguém estiver contra você, esta pessoa vai usar as armas que possui e, na maioria das vezes, será algo falado ou demonstrado contra você. Claro que isso depende do entendimento emocional e espiritual que a pessoa tiver. Você então deve se lembrar disso e evitar trazer o que falam ou fazem para o lado pessoal. Entenda que se alguém faz algo errado é somente porque não aprendeu ainda a fazer diferente. A gente deve sempre se comportar como o "adulto" da relação, ou seja, aquele que está entendendo o porquê que alguém nos critica.

As razões podem ser as mais diversas, desde padrões emocionais, culturais diferentes, até simplesmente uma escolha de não concordar. E todos têm este direito de não concordar. Tenha você também o direito de não concordar com tudo, respeite sempre o outro e assim tudo ficará mais fácil.

Pare para pensar no seguinte: se você não estiver mais preocupado com a opinião do outro poderá facilmente se colocar, é só não ter a pretensão de ser aceito. Sem expectativas, sem decepção, lembre-se sempre disso.

Se você precisar participar de uma reunião onde estará exposto, deve ter certeza do conteúdo que vai expor. Isso sim trará segurança a você. Prepare-se de verdade e tudo ficará mais simples.

Grande parte da insegurança que as pessoas têm é causada pela falta de conhecimento. Saber com detalhes do que se trata o que será exposto ajudará muito na sua segurança interior. Uma coisa é você se sentir inseguro e deixar transparecer esta insegurança ou medo porque não sabe muito bem sobre o assunto, outra, é você ficar somente abalado pelo que estão falando.

Pode reparar que as pessoas dão muita opinião sobre os mais diversos assuntos e, na maioria das vezes, estas opiniões não tem nenhum sentido, nenhum fundamento, falam por falar, falam sem realmente saberem do que se trata o assunto. Então pare de ficar preocupado com a opinião dos outros. Precisamos entender que quem sabe o que é bom para nós, somos nós mesmos, o resto é tudo opinião somente.

Tenha coragem de ser livre, tenha coragem de ouvir a opinião dos outros sem aceitá-las como verdades absolutas. Filtre o que ouve a seu respeito, observe se existe uma coerência, um sentido naquilo que você está ouvindo. Tenha também coragem de lidar com as diferenças. Respeite as diferenças. Assim como não devemos ter a pretensão de fazer as pessoas aceitarem o que queremos, devemos também saber que elas têm o mesmo direto. Podem opinar, mas quem decide se o que foi dito vai desequilibrá-lo ou não será somente você. Ninguém tem poder sobre nós quando sabemos disso.

Ouça, filtre, descarte ou guarde essas opiniões. Mas atente para que as opiniões que devem ser guardadas são as construtivas, aquelas que farão algum tipo de diferença positiva. As outras não nos importam.

Fique atento também quanto às fontes destas opiniões. Comece a ser um grande observador para já descartar afirmações de pessoas que não têm base nenhuma do que estão falando. São aquelas pessoas que constantemente têm assuntos, mas nunca conseguem ir mais a fundo, estas pessoas você deve descartar logo em termos de opinião, pois elas são o equivalente a uma criança que sugere algo para um adulto. Elas simplesmente acham e muitas vezes acreditam em algo sem nenhum fundamento.

Você deve ouvir opinião, mas aceitar somente quando perceber que a pessoa que está falando tem realmente razão. Uma razão baseada em conhecimento e também na sincera vontade de ajudar. E, mesmo que a pessoa tenha verdadeira vontade de ajudar, você precisa observar se o que ela está dizendo vem de um conhecimento válido. Alguém que não consegue fazer o que está dizendo não deveria dar uma opinião, que, provavelmente, não testou ou não conseguiu fazer funcionar. Lembre-se de que as receitas do "como" existem de verdade, mas siga somente aquelas receitas que deram certo. Pare de perder tempo se ocupando com a opinião de pessoas que não conseguem nada na vida.

13

A fórmula poderosa do simples

Aprendemos desde muito cedo na vida que certas coisas precisam ser feitas de uma determinada maneira para se conseguir os resultados esperados, mas será que precisa ser mesmo assim? Você já parou para observar como realmente as coisas funcionam? Tenha em mente que os resultados que tanto almeja podem ser mais simples do que você imagina. Vou ensinar você a observar o que realmente é preciso fazer para conquistar grandes coisas na sua vida de uma forma muito simples, eficaz e garantida.

Mas antes de ensinar esta fórmula tão preciosa, precisamos entender por que acreditamos que o mais difícil e complicado é o melhor. Essa ideia virou uma crença, mas lembre-se de que crença é tudo aquilo que acreditamos. Ao sermos convencidos passamos a acreditar que algo é melhor se for feito de determinada forma, ou que aquilo é o ideal. Essa crença de que tudo que é bom é caro e difícil foi criada estrategicamente para se vender mais, para aumentar o desejo nas pessoas de adquirir determinado produto ou situação.

Pare para pensar e vai ver que tem muito sentido. No mundo, atualmente, somos expostos diariamente a um vasto comércio que é feito de diversas formas. O objetivo é sempre vender, e para que isso aconteça, você precisa ser convencido de que certo produto ou jeito de fazer algo é o melhor e que você precisa daquilo para sua vida melhorar.

Como existem no mercado muitos concorrentes, foi se criando a ideia de que certos produtos ou formas específicas de fazer algo são ideais em comparação ao jeito simples. Passamos a acreditar no modelo "Disney" como sendo o melhor. O modelo "Disney" é um tipo de padrão que dita as regras daquilo que é considerado melhor. Basta lembrarmos da nossa infância e virá a nossa mente um conto de fadas. A princesa e o príncipe são sempre lindos, perfeitos e tudo sempre dá certo na vida deles. Imagine uma criancinha vendo a princesa loirinha de olhos azuis e magrinha, e se comparando desde cedo, querendo ser igual a ela. Essa criança cresce tentando se aproximar a todo custo daquele padrão que será aceito pelos príncipes. Você já reparou que nos contos de fadas sempre existem um final feliz, e que não existem problemas diários como na vida real? Num filme romântico, por exemplo, as pessoas não passam frio, privação de sono por causa de um filho doente, fome, etc. Quando estas privações são mostradas, são sempre em forma de drama. Mas qualquer um que tenha já vivido sob um mesmo teto de um pai e de uma mãe de verdade, sabe que no dia a dia existem cansaço, falta de dinheiro, chateações e muitos altos e baixos que são absolutamente naturais e que inclusive nos fazem ficar mais experientes, fortes e nos trazem o verdadeiro sentido do viver e de vivenciar uma família.

A indústria, o comércio e o marketing têm um propósito único de nos fazer acreditar que falta algo em nós, na nossa casa ou em nossa vida no geral. Gerando esta ideia fica fácil vencer milhares de soluções diariamente.

Infelizmente foram criados muitos produtos que nem precisariam existir, muitos das quais na verdade nem precisamos. Esta fórmula do vender através da ideia de que as pessoas têm necessidades vêm sendo aprimorada constantemente. Existem muitos estudos que analisam o consumismo, psicologia da necessidade, etc. Tudo é estudado e feito estrategicamente para acreditarmos que precisamos de algo. Inclusive muitas vacinas e remédios foram criados somente para que achemos que precisamos deles.

Quando eu nasci, vacinas necessárias eram em menor quantidade em relação às vacinas que foram oferecidas 20 anos depois, quando tive meu primeiro filho. Observe que você sempre encontrará argumentos convincentes mostrando a necessidade, ou até mesmo pesquisas mostrando o quando uma vacina, por exemplo, contribuiu para extinguir certa doença. Pessoas são pagas para escrever artigos, médicos recebem amostras grátis o tempo todo para que troquem ou ofereçam novas opções aos seus pacientes e a indústria vai enriquecendo diariamente. Não estou dizendo aqui que sou contra remédios ou a medicina, pelo contrário, estou somente colocando alguns fatos para pensarmos sobre o exagero desnecessário.

A ideia criada por trás da falta também vem acoplada com o conceito de que vencer significa conquistar tais méritos ou bens e se comportar de uma determinada maneira. Novelas, propagandas, jornais, revistas mostram o tempo todo "a cara do sucesso". Mas não do sucesso verdadeiro, e sim do sucesso forjado. Infelizmente quem cai nesta teia são as pessoas menos informadas, aquelas que foram acostumadas a seguir o que os outros dizem.

A ideia de sucesso é muito interessante de observarmos. Sucesso na verdade é a conquista de algo importante. A grande questão é que damos importância para as coisas de modo errado. Entendemos errado. O verdadeiro sucesso é aquele que faz a pessoa se sentir bem por saber que atingiu um resultado baseado numa evolução pessoal. É um sentimento de superação.

Esse sim marca o verdadeiro sucesso. Ele não deve ser medido através da comparação em relação às outras pessoas e sim em relação a si mesmo anteriormente. Sucesso é conseguir aquilo que não se conseguia antes. Devemos nos sentir vitoriosos ao conquistarmos o próximo degrau em nossa própria evolução pessoal. A comparação nos tira do eixo e nos faz ficar absorvidos com tudo o que é desnecessário.

O falso sucesso busca um tipo de resultado em que o foco está em tudo que é externo, desde o outro, até todas as coisas que estão fora e podem ser adquiridas. É falso, mas pode soar como poder. É por isso que a indústria vende poder ao invés de produtos. Por trás de qualquer propaganda vende-se a felicidade, o poder, e tudo aquilo que inspire a sensação de que ao adquirir determinado produto uma solução virá junto.

Repare nas propagandas de produtos de beleza, por exemplo, ou nas embalagens de alguns doces. Você vai perceber que a ideia do que se vende é, em muitos casos, completamente diferente do que a propaganda mostra.

Vemos por aí pessoas indo atrás de certos produtos com a intenção emocional de se tornarem parecidos com o que a propaganda mostra. Essas pessoas não percebem o engano que cometem ao sucumbirem a estas falsas informações.

Sucesso é algo que precisa ser real para ter valor. Muita gente não percebe que ao achar que tem sucesso estão simplesmente enganando a si mesmas. Claro, certos produtos fazem sim a gente se sentir muito melhor e isso é bom, temos que somente estar atentos aos exageros de todos os tipos. Estar atento é importantíssimo para que consigamos verdadeiramente chegarmos mais rápidos aonde desejamos. Sentir de verdade que conquistamos algo pelo que estamos sendo é muito mais prazerosos do que a conquista pelo que temos.

Por causa de todas estas falsas ideias que foram criadas de que precisamos sempre de algo que não temos ainda, também foram sendo criadas ideias falsas sobre o que podemos ou não fazer até mesmo com nossas vidas. Criou-se, por exemplo, a falsa ideia de que estar triste é algo inaceitável ou mesmo ruim. Infelizmente ao sentir qualquer sintoma como a tristeza, por exemplo, as pessoas preferem imediatamente resolver o problema indo à busca de alguma solução ou remédio, ao invés de vivenciarem o que elas estão sentindo.

O luto, por exemplo, leva um tempo para ser vivenciado, não acontece de um dia para o outro. É preciso que prestemos atenção ao que estamos sentindo ao invés de somente buscarmos calar a boca de um sentimento. Um sentimento que é apagado ou não sentido por causa de uma medicação continua existindo, apenas não está sendo mais sentido. Se prestarmos atenção, tudo passará a ficar cada vez mais claro. É evidente que cada caso é um caso, assim como cada cabeça uma sentença. Portanto, devemos antes de tudo prestar atenção ao que estamos sentindo para podermos buscar a melhor solução possível.

A primeira coisa que precisamos ter em mente é que existem várias receitas de como se conquistar ou resolver algo, mas existe um grande segredo por trás dessas receitas a ser observado. A verdade é que as coisas são simples, a fórmula está na observação da natureza em seus dois sentidos: a *natureza das coisas* e a *natureza real*.

Na observação da natureza encontramos a solução para praticamente tudo. A cura está na natureza. Não precisamos do mais difícil e industrializado para resolvermos algo necessariamente.

Infelizmente nos acostumamos com a ideia do difícil, mas não paramos para observar o quanto a solução está perto. A resposta está sempre na nossa cara. A verdade está sempre ao lado, o que falta é a coragem de observarmos o óbvio.

Mesmo numa solução emocional, quando precisamos de uma, tendemos a buscar aquilo que esperamos, queremos uma resposta que tenha a ver com nossos anseios ao invés de observarmos a solução à nossa frente. Sempre queremos ouvir o que queremos ao invés de ouvirmos a verdade, não é?

Em se tratando de respostas junto à natureza, basta observarmos que as soluções são simples e se encontram à disposição. O óbvio é mais natural do que a nossa expectativa. Mas não acreditamos naquilo que é evidente, achamos que o óbvio é fácil demais para ser verdade.

Vou citar um exemplo de algo bem comum entre as pessoas: o emagrecer. Se alguém que está acima do peso simplesmente comer em menor quantidade e tomar muita água, uns três litros de água por dia, vai emagrecer naturalmente e de forma rápida e saudável. Exercícios também devem ser acrescentados para que a pessoa se sinta muito mais disposta. Isso é obvio não é? Mas o que acontece é que se criou a ideia de que para emagrecer é preciso muito mais do que isso. As pessoas acreditam que precisam ir à academia, que precisam de um remédio e de uma alimentação específica. Quem não consegue estas coisas para emagrecer acaba usando uma desculpa consigo mesmo como forma de justificar a não resolução do emagrecimento.

Outro exemplo é o parto no qual não se respeita mais a hora que o bebê está pronto para nascer e marca-se uma hora pela conveniência, tanto dos pais, quanto dos médicos e do hospital.

Outro grande equívoco é sobre como aprendemos as coisas. Aprender exige tempo e dedicação. Claro que muitas pessoas têm mais facilidade do que outras, mas a grande maioria precisa passar pelo árduo processo do aprendizado. Muitas pessoas ao invés de observar que existe essa fórmula feita de tempo versus aprendizado, acabam acreditando que existe uma fórmula milagrosa ou que somente alguns privilegiados podem se dar bem nas conquistas e realizações. Na verdade, aprender é uma forma de saber como aprender. Além da dedicação de tempo necessário para o aprendizado. Você pode e vai conseguir somente quando entender isso.

A natureza é feita de ciclos que se renovam constantemente. Depois de uma tempestade vem um céu lindo e claro. Depois que algo acontece abre-se espaço para a renovação. A natureza é constante e é nela que estão as respostas. O tempo tem a ver com a natureza. Não dá para acelerar certos processos, pelos menos não deveríamos.

Ficar doente é ter algo a ser resolvido fisicamente, é alguma coisa que precisamos ter em mente, como uma falta de eixo. Se você começa a adoecer é porque de alguma forma algo está descontrolado. Voltar ao eixo pode ser muito simples ou pode ser extremamente difícil, e nestes casos, é preciso se lembrar de que tudo vem da natureza e, se recorrermos à fonte, será muito mais fácil. Fique claro que se trata de uma dica baseada em minha observação e não deve substituir a consulta a um especialista se este for o seu caso.

Precisamos ter sempre em mente que, para que uma mudança aconteça, é preciso mover-se, é preciso ir mais longe e de forma diferente. Fazer tudo igual, ou não fazer nada, só nos trará o mesmo resultado ou um resultado pior.

Nossas células corporais se transformam diariamente, e alimentamos o nosso corpo de formas muito errada normalmente. Na maioria dos casos esse combustível que damos ao nosso corpo através da alimentação errada não causa muitos danos, pelo menos não danos muito graves, mas quando acontece, vem de forma devastadora, e então é preciso frear o alimento que estamos dando errado ao nosso organismo para que uma reversão aconteça.

Estar adoecido é estar fora do controle. A primeira coisa que tem que ter em mente se este for o seu caso é que você, e só você, deve assumir o controle, pelo menos a nível de decisão dos procedimentos que vão precisar ser realizados. E não estou falando de dizer sim ou não somente, estou falando sobre decisões claras e bem pensadas. É preciso tomar as rédeas da sua própria vida em suas mãos, e para que seja a melhor resolução possível, será necessário de sua parte, muita pesquisa. E sabe por quê? Porque por conveniência da indústria, muitos tratamentos são "empurrados" a nós de forma desnecessária ou errada, simplesmente porque visa-se o dinheiro e não exatamente a saúde. Infelizmente viramos ratinhos de laboratório em muitos casos. Então é necessário que você seja um pesquisador de tudo que for ingerir e usar a partir do momento em que for diagnosticado com algo mais sério, só assim você poderá fazer uma verdadeira mudança. Eu já acompanhei muitos casos em que doenças foram estacionadas e resolvidas quando pessoas que foram seriamente diagnosticadas mudaram tudo em suas vidas, desde o que comiam até o que usavam ou faziam.

Lembre-se de três pontos importantes:

1. A cura está na natureza. É necessário se adaptar, observar que a natureza é constante e que é nela que estão as respostas. E não será fácil, sair do confortável para fazer tudo diferente não é nada simples, mas é o que fará a grande mudança acontecer.

2. Será preciso mudar tudo. As pessoas se iludem querendo fazer mudanças em suas vidas sem mudar nada. Na verdade elas esperam que algo mude, se mova, sem que elas precisem fazer nada. Isso não existe.

3. Tudo tem um preço. Não existe outro jeito. O jeito é tomar as rédeas da sua vida e se responsabilizar inteiramente por todas as mudanças que você quer criar na sua vida.

A vida precisa ser vivida com intensidade e sem ilusões. Viver intensamente não significa desperdiçar a vida e muito menos tomar ações descabidas. Viver intensamente significa se sentir bem na própria pele e estar com a maioria das coisas sob controle. Se algo saiu do seu controle, ainda existe a chance de que tudo mude, mas entenda que você precisará fazer algo de verdade, não somente desejar.

Muitas pessoas já provaram que é possível realizar grandes mudanças. Todas elas desejaram, planejaram, tiveram coragem de mudar e foram à luta. Essa luta não precisa ser encarada como uma batalha e sim como um desafio. Use os problemas que aparecerem pelo seu caminho como grandes trampolins ao invés de grandes âncoras e verá a enorme diferença que esta escolha de visão fará na sua vida.

Outra coisa importante: não se debata. Se algo lhe atingiu receba o que estiver acontecendo sem se revoltar e siga em frente criando uma estratégia vencedora. Vencer depende de você e da sua visão sobre como fazer a mudança que deseja, da forma mais eficaz possível. Não aja como uma pessoa boazinha que aceita tudo e engole tudo que aparece. Aja como uma pessoa sábia que observa, pesquisa, planeja e realiza.

Busque força em si mesmo em primeiro lugar. As outras pessoas só terão palavras de consolo para lhe dar, ou até poderão ajudar você a não se sentir tão mal ao justificar algo que não fez. Decida não precisar disso e assumir suas mudanças sabendo que você talvez não seja apoiado.

Se você tiver um problema, sempre vai ter pessoas que vão lhe ouvir, que vão se compadecer do que você está sentindo, mas que não poderão e nem vão querer fazer nada a respeito.

Agora, se você falar algo interessante e positivo, contar coisas boas somente, não terá o tempo todo pessoas querendo ouvir, faça este teste. Isso significa que o caminho da realização pessoal, ou da resolução de algo é individual, solitário.

A solução existe, precisamos somente parar para enxergar para que lado ela vai estar. Fique atento aos sinais que sempre estão disponíveis e verá que certas informações chegam até você. Nada é por acaso, mas cabe a nós prestarmos atenção ao que está ao nosso redor. Reafirmando, a solução na maioria das vezes é muito simples e está disponível, cabe a nós prestarmos atenção a estas informações.

14

A fórmula poderosa do transitar

Transitar entre os diversos mundos pessoais é uma ferramenta altamente eficaz que o ajudará imensamente em sua vida. O objetivo desta ferramenta é fazer qualquer pessoa neste mundo se dar bem com você e vice versa. Vivemos num mundo rodeados por pessoas, e a arte de se relacionar é importantíssima. Se relacionar com quem é parecido e compactua das mesmas coisas que gostamos é muito fácil, mas como fazer naquelas situações em que parece que a outra pessoa faz parte de outro mundo? Sabe aquele tipo de situação em que se é necessário trabalhar com alguém que é muito diferente de nós, mas que é preciso de qualquer jeito se dar bem com a pessoa? Pois é. Trata-se de estratégia e não de sorte. Vou lhe ensinar como, e isso nunca mais será um problema em sua vida. Você vai aprender a arte de ser político. Mas antes existe um ponto importante a ser observado.

No consultório, quando ensino a arte de se relacionar, algumas pessoas questionam sobre a impressão de soar falso, tem gente que diz não achar certo fazer essa técnica, porque não consegue deixar de ser sincero. A verdade é que ser sincero o tempo todo nem sempre é uma boa, é preciso compreender até onde você pode ir em cada situação que estiver se apresentando à sua frente. Ser sincero não significa necessariamente ser compreendido, mas somente esboçar o que você quer dizer. Na verdade, quando você é extremamente sincero está se defendendo sem se importar se isso vai atingir alguém emocionalmente ou não. Quando se é usada uma estratégia para quebrar o gelo entre você e alguém bem diferente, com o intuito de fazer a relação entre vocês ficar boa para os dois lados, não se trata de falsidade e sim de esperteza. Depois de quebrar o gelo a relação entre você e a outra pessoa estará dia a dia sendo cultivada e, com o tempo, tudo ficará muito bom de verdade. Você vai perceber isso quando começar a usar esta ferramenta. Tenha em mente que mesmo em um relacionamento que parece não ter nada a ver é possível cultivar respeito, ajuda mútua e um sentimento de paz com a pessoa.

A primeira coisa que é preciso entender, é que a pessoa que estiver à sua frente tem um passado diferente do seu. Isso significa que tudo que ela aprendeu sobre a vida é diferente do que você aprendeu. Essa pessoa não terá os mesmos conceitos sobre o certo e o errado, o bom ou o ruim, o que é considerado ideal ou não, etc. Isso significa que se você não entender o ponto de vista do outro, jamais vai conseguir se comunicar bem com ele. Não estou falando que você precisa aceitar esse ou aquele ponto de vista, mas que precisa pelo menos saber qual é para saber até que ponto pode ir. Se você, por exemplo, percebeu que a pessoa tem uma opinião radical sobre um determinado assunto como religião ou política, não vai adiantar expor uma opinião diferente que isso criará imediatamente um obstáculo entre vocês dois. Neste caso o ideal é você ficar neutro em relação à opinião do outro e não falar da sua. Isso criará entre vocês um tipo de harmonia, ou pelo menos a pessoa não irá ter de cara, você como um inimigo. Infelizmente as pessoas não tem facilidade em aceitar opiniões contrárias.

A nossa mente repele naturalmente aquilo que para nós é muito diferente. Pessoas que gostam de rock, por exemplo, costumam repelir quem gosta de funk ou axé. Patricinhas repelem de forma automática as garotas que não gostam das mesmas coisas que elas. Para nossa mente é mais simples aceitar pessoas que são de alguma forma, parecidas com a gente. Mas a grande questão é que no mundo existem muitas pessoas diferentes de nós e precisamos conviver com elas diariamente. Colegas de trabalho, funcionários, amigos de amigos, familiares, etc.

E é então que você se depara com alguém que não é nem um pouco parecido com seu modo de agir, mas da qual é preciso conviver diariamente, só que você não aguenta mais a pessoa, soa familiar? Tenha em mente que essa pessoa precisa virar seu alvo, você precisa ganhar essa pessoa. Se conseguir fazer dela seu amigo isso facilitará muito a sua vida. Entenda que você não deve lutar contra ninguém. Ser flexível e tolerante é uma questão de sabedoria e não é nada simples aprender a ser assim, mas é o ideal. Ajuda muito simplesmente aceitar sem tentar mudar a pessoa, ir contra ou ficar indignado pelo fato de ela não fazer ou pensar como você. Existe um truque para quando se sentir indignado: lembre-se de que a pessoa pensa diferente de você, porque aprendeu diferente ou não teve ainda a oportunidade de aprender como você. Só isso! Você não deve se sentir superior à pessoa, deve somente compreender essa verdade de que o outro ainda não teve a oportunidade de aprender ou não quis, porque ainda não despertou para aquilo.

Não existem pessoas superiores ou inferiores, existem somente aquelas que já aprenderam e outras que ainda não aprenderam. Se você não tivesse tido certas oportunidades na sua vida talvez estivesse igual ou pior em termos de atitudes e pensamentos em relação a alguém que não tolera muito.

E quando é ao contrário? Quando é você que não é aceito? Se este for o seu caso você vai ter que encontrar um jeito de ser aceito por essas pessoas, e a forma mais simples de fazer isso é inicialmente observando que poderia fazer uma ponte entre você e o outro. Lembre-se de que a mente repele o que é diferente e se sente atraída por aquilo que é semelhado, então, algo em você vai precisar ficar semelhante ou aceito pelo outro. Pode ser várias coisas, algum tipo de afinidade que você descubra ao observar o outro e faça disso um elo, pode ser algo fisicamente parecido ou mesmo criado. Neste caso vale observar se você é muito diferente em termos de comportamento ou em sua forma de se vestir, por exemplo. Se você frequenta um lugar em que todo mundo se veste de uma determinada forma e você aparece por lá totalmente diferente, com certeza será deixado de lado. Mas se você procurar se assemelhar aos demais, começará a ficar mais encaixado na situação, com certeza. Essa inclusive é uma experiência interessante, se você for a algum lugar em que quase todo mundo se comporta de determinada maneira, você se sentirá meio um patinho feio. Ir a uma academia onde só existem pessoas musculosas, saradas e que falam o tempo todo de treinos, deixará quem não está acostumado a frenquentar aquele ambiente, fora de contexto, se sentido um estranho no meio daquelas pessoas. Participar de uma reunião no qual a maioria das pessoas tem um nível diferente do seu, também deixará você se sentindo estranho. Mas, isso muda à medida que você, através da observação, começa a ficar de alguma forma semelhante aos demais. E para isso basta observar e começar a copiar. Como eu disse antes, essa atitude não precisa ser vista como algo falso, mas como uma forma de aproximação.

    Pessoas com grandes dificuldades de se relacionar geralmente mantém sua própria opinião e não estão nem aí para a opinião dos outros. E neste caso isso não significa autoestima, mas sim proteção. Essas pessoas geralmente não são flexíveis e também não vão muito longe. Aquelas que são bem sucedidas de verdade são sempre flexíveis, circulam entre muitos mundos diferentes, com respeito, e sabem como subir ou descer entre os níveis emocionais e de conhecimento da pessoa que estiver à frente delas. Isso eu chamo de transitar. Se a pessoa tem na frente uma pessoa mais humilde, ela transita para baixo, e fazendo isso deixará a outra à vontade e isso será visto como uma forma de conexão, ela não será vista como metida, por exemplo, o que acontece com muitas pessoas no poder ou em níveis ditos como superiores, no qual não se rebaixam e acreditam que não precisam se misturar com quem está abaixo. Essa pessoa não está sabendo ser política.

Da mesma forma, com pessoas que percebemos que estão num nível maior que o nosso, temos que observar como podemos ser vistos como iguais. Quando alguém, de qualquer nível, percebe que o outro tem algo em comum, fica automaticamente mais fácil criar uma situação de bom relacionamento.

Existem muitas coisas no qual podemos nos assemelhar às pessoas, como, por exemplo, um gosto musical, um time de futebol, visão sobre certas coisas, religião, filhos, práticas esportivas, hobbies. Ao observar, você pode descobrir algo em comum, e isso pode ser usado como uma grande porta de entrada para uma conversa que fará a pessoa saber dessa semelhança.

E o que fazer naqueles casos em que, ao observar o outro, você não encontra nada que possa servir como conexão? Nestes casos vale o bom e velho elogio. Todos gostam de ser admirados em algo, procure um elogio sincero e leve, cuidado com exageros que podem sim serem vistos como falsos. Você pode, por exemplo, observar sua chefe e elogiar a forma como ela faz suas combinações de acessórios. Pode dizer algo simples como "adoro a forma como você combina seus sapatos com as bolsas", ou "estive observando e você tem um gosto muito bom para suas bolsas e sapatos".

Cuidado ao usar o elogio, faça-o de forma apropriada e quando, de preferência, estiverem a sós. Não elogie o filho do seu chefe dizendo que ele é bonito, quando na verdade não é, neste caso use algo como "seu filho tem cara de sapeca" que soará muito mais gentil e sincero. Elogiar também é uma arte.

Se todos ao seu redor sentirem-se bem porque você os aceita, e ao mesmo tempo você participa da vida deles sem invadir seus espaços, sua vida vai mudar para melhor com certeza.

Família é algo que costuma gerar muitos estragos emocionais quando as pessoas não se dão bem. Pense, é muito mais simples e fácil você se juntar à sua sogra do que lutar contra ela, não é?

Pessoas que eu ensino constantemente a usar esta ferramenta do transitar voltam e me contam que tudo ficou mais simples e fácil. Que tudo ficou surpreendentemente melhor e que aquele problemão que a pessoa achou que tinha à sua frente virou algo insignificante.

Lembre-se: é sempre melhor não se debater. Se você acabou de entrar para a família do seu amado e percebe que a maioria é muito diferente de você, conforme-se com a diferença e junte-se a eles. A pior coisa a ser feita neste caso é torná-los inimigos ou desejar que seu companheiro escolha entre você e eles.

A vida é feita de experiências e muitas delas nem sempre é aquilo que sonhamos, mas sim algo que se apresenta a você e pronto. Portanto, seja prático e sempre que qualquer situação não desejável acontecer na sua vida aceite e decida, dentro de você, que aquilo não será um problema.

Só temos problemas quando não fazemos a mínima ideia de como resolvê-los, quando temos noção do que fazer fica tudo mais fácil e contornável. Decida que tudo que acontecer na sua vida nunca mais será um problema e um grande progresso emocional acontecerá com você.

15

Missão existencial

Missão é algo a cumprir, aprender, fazer. A pessoa antes de nascer tem um propósito maior (principal) e isso significa que ela precisará buscar este entendimento para conseguir cumprir da melhor forma possível o que está designado para ela. Cada um tem uma missão, isso não significa que ela precisa ser espiritual como muitas pessoas associam. Essa ideia de missão espiritual equivale, para muitos, como a um sacrifício. Esse formato vem da igreja, que faz com que as pessoas acreditem que precisam passar por algum sofrimento que fará elas ganharem uma estrelinha por aguentarem certos pesos na vida. Missão não é algo ruim, e sim aquilo que deve ser visto como um grande ensinamento. É o entender de que tudo que aconteceu, fez parte de um aprendizado, e assim, nós mesmos chegamos à conclusão de que já podemos seguir adiante. Enquanto uma pessoa não tiver consciência disso, ela continuará na mesma situação. Pode ser qualquer coisa, desde passar por ensinamentos, ensinar, ajudar ou somente fazer algo. Não precisa ser uma missão no sentido de fazer um bem aos outros, existe muita confusão em relação a isso. Pode ser que alguém venha ao mundo com a missão de aprender sobre "geografia", por exemplo, e somente isso.

Ao longo da vida, quando nos relacionamos com os outros, ganhamos experiência e evoluímos. Evoluímos quando entendemos e fazemos o nosso melhor. Estamos todos aqui para aprender a nos relacionar. Evoluir significa passar para outro estágio ou lição. Quanto mais evoluído somos, mais fácil tudo vai ficando, pois vamos adquirindo conhecimento sobre a arte de se relacionar e, consequentemente, ganhando experiência em como resolver as coisas. Quando nos isolamos, estamos perdendo a chance de evoluir e passar para o próximo estágio do aprendizado.

A forma mais fácil de saber se estamos alinhados com nossa missão é observando o que sentimos, analisando o nosso progresso. Se você parar para pensar na sua vida, vai perceber agora, que muitas coisas que aconteceram no seu percurso, contribuíram para você ser uma pessoa muito melhor, facilitaram o aprendizado de algo importante que hoje, faz uma grande diferença na sua vida.

Você vai compreender que estes aprendizados funcionam como um grande quebra cabeça no qual cada peça é importante. Imagine que cada peça representa uma parte do entendimento ou do conhecimento necessário para que o todo seja entendido. Geralmente, esse aprendizado requer paciência, dever vir aos pouquinhos. Muitas coisas que acontecem hoje na sua vida só podem ser completamente entendidas devido ao fato de você ter recebido esse aprendizado anteriormente. É como uma criança que aprende matemática desde o básico, se a pessoa não tem a base, ela não conseguirá compreender algo mais complexo. Para alguém cru em experiências na vida, certos fatos ou acontecimentos são encarados com muita dificuldade, enquanto para aqueles que já passaram por diversas experiências, verão o mesmo fato de forma completamente diferente.

Precisamos entender que cada pessoa está num nível diferente. Não devemos acelerar o aprendizado na vida, ele deve acontecer naturalmente.

Uma criança que sobe numa árvore por si mesma terá a capacidade de se manter em cima dela e descer sem cair, porque ela passou pela experiência de ir sentido e percebendo como o equilíbrio funciona. Uma criança que é colocada em cima da árvore sem este aprendizado provavelmente cairá. A nossa vida é assim.

A vida é uma imensa escola. Conforme vamos evoluindo vamos entendendo cada vez mais o sentido de tudo. É por isso que pessoas mais velhas guardam dentro de si certas experiências que são obtidas com o tempo. Uma fruta amadurecida artificialmente nunca terá o mesmo sabor.

Claro que existem pessoas que trazem missões em relação à humanidade, e estas são divididas em duas categorias. A primeira é a daquelas que se sentem preparadas para fazer mudanças baseadas em conhecimento, são pessoas que se preparam para assumir cargos importantes e nestes cargos fazem grande diferença. Este tipo de missão pode ser encarado como uma tarefa, como algo que precisa ser feito ou corrigido. Há também o caso de pessoas que são colocadas em certos cargos para serem testadas, e muitas infelizmente não passam no teste. Não existem seres superiores nos testando, estou querendo dizer que é uma missão ou tarefa que a própria pessoa se propôs a cumprir para corrigir algo que ela mesma fez de errado em algum momento em uma de suas vidas passadas. A consciência faz isso, quando aprendemos com os erros desejamos corrigi-los, ou nos propomos a fazer melhor numa próxima vez.

A outra categoria de missão em relação à humanidade é mais rara, porque envolve espíritos de muita luz, ou seja, espíritos que já estão muito à frente de nós, e estes se propõem a deixar algum tipo de aprendizado nesse mundo. Essas pessoas geralmente são desprovidas do ego, fazem isso por algo muito maior e abandonam tudo por um ideal, não com a intenção de chamar atenção para si, mas somente para resolverem algum tipo de assunto mal resolvido da humanidade.

Muita gente sente que deveria estar fazendo outra coisa ou estar em outro lugar, e então, como descobrir o que é considerado o seu propósito de vida?

Considero o ato de viver, tudo o que traz um sentimento imenso de gratidão pela vida; aquilo que você pode fazer estando consciente de que vai ser bom. É aquela sensação de prazer intensa que se sente por estar fazendo algo que o realiza totalmente.

Mas como saber o que é isso no caso de você não ter nenhuma ideia sobre o que realmente gostaria de fazer?

Bem, viver a vida dos seus sonhos começa quando você descobre o que você faz de melhor. Esta é a melhor forma de saber se está no caminho certo.

Então comece eliminando opções que não tem nada a ver com aquilo que você sente que é. Elimine coisas incompatíveis com a sua vontade. Tente mudar aos poucos todas as opções que foram escolhidas por causa das circunstâncias da vida ou por outras pessoas. Lembre-se de sua infância e das coisas que lhe davam mais prazer em fazer, assim, você poderá fazer uma nova escolha baseada em sentimentos verdadeiros.

Se você se imaginar sozinho no mundo, sem ter que prestar contas de nada para ninguém, sem nenhuma preocupação financeira, o que você faria? De que forma? Este será um excelente parâmetro para mostrar se você hoje está perto ou longe de seu verdadeiro propósito. Imagine algo que você faria simplesmente por prazer. É provável que você se descubra em um lugar muito distante do verdadeiramente desejado. Neste caso o que deve fazer? Se esta for a sua situação, você precisará estudar opções para colocar aquilo que gosta em prática. Agora!

Sei que não dá para largar um emprego que paga as suas contas e se atirar em algo incerto, mas é necessário que você se coloque no caminho daquilo que gostaria de fazer ou que sente que precisa fazer.

Uma dica que dou é que você comece a se envolver com a sua desejada vida profissional, a princípio em forma de hobby. Estude sobre o assunto, se envolva diariamente em coisas ligadas a ele e monte um plano concreto para realizá-lo. Por exemplo, se você ama música e gostaria de trabalhar com isso, mas hoje tem um excelente emprego em uma área completamente diferente, eu sugeriria que se envolvesse na profissão pelas beiradas, de forma indireta. Poderia vender coisas relacionadas, fazer uns extras na área, participar de algum tipo de organização dando aulas ou aprendendo sobre o assunto. É necessário que se envolva até que um dia descobrirá algo que poderá fazer diretamente e com segurança. O caminho é simples quando você tira da frente todos os obstáculos e sentimentos, como "não posso", "não consigo", "é difícil", e os substitui por possibilidades que você mesmo colocará em seu caminho. Assim tudo ficará mais fácil. Viver seu propósito de vida lhe trará a verdadeira felicidade!

16

Rejeição e solidão

De repente, num lindo dia, você se depara com muita gente feliz à sua volta. Mas tem que fazer algumas escolhas. Então algo sai errado e muda tudo. Sai diferente do planejado. Você é obrigado a ficar sozinho. Não por obrigação, pois bastaria escolher algo diferente, mas foi isso o que lhe restou. Além de que, é isso que você consegue fazer no momento, nada. É esta a escolha, ficar parado e solitário, rezando para o dia acabar, se perguntando se deve forçar a barra e inventar uma saída, enfrentar algo que não faz parte de você ou deixar a tristeza passar. Então, como se faz para ficar forte? Que alternativa você tem? Ser forte ou ficar frio, distante? Você poderia usar as redes sociais para declarar a indignação pela falta de respeito ou indelicadeza de alguns, mas aí vem aquela história de que tudo é uma questão de ponto de vista. O que para um é desrespeito, para o outro é simplesmente algo natural, sem intenção e até divertido. O que não deixa de ser verdade. Mas e agora, o que fazer com o seu sentimento então? Que alternativa resta? Viver é a arte de se relacionar, de interagir. Já sabemos. Mas como interagir com a falta de escrúpulos e falsidade do outro? A alternativa mais fácil é se afastar e não dar bola, mas chega uma hora que você percebe que não tem que fugir. Precisa entender que o problema não é seu, mas do outro. E que o outro ainda não enxerga. Então você para de sofrer com isso.

A vida é feita de escolhas e só é feliz quem tem amor, como diz a música no rádio. Mas o que conta, é o amor por si próprio em primeiro lugar. Muitas vezes você até tem esse amor, mas não consegue usá-lo por não estar com as pessoas certas. A alternativa é aprender a ficar forte, virar a página, deixar para lá, já que se lamentar não adianta. Ter autopiedade também não. Não adianta expressar o que não vai ser compreendido pelo outro, lembre-se dos pontos de vista de cada um. Resolver isso também é uma arte.

Primeiro, é preciso entender esta dor. Ela passa da rejeição à solidão. A rejeição é um modo de sentir. É como se a pessoa sentisse que foi desclassificada por algo. Alguma circunstância um dia lhe tirou o direito de ser. Então, ela passa a buscar a aceitação de si mesmo no outro e a rejeição acontece novamente, porque cada um está focado na própria vida e não na do outro. Com o tempo, por autoproteção, ela começa a se isolar. Com isso, uns ficam mais fortes e egoístas ao mesmo tempo, porém saem do jogo da vida, param no tempo, deixam de participar como deveria, perdendo um tempo precioso neste processo de evolução pessoal. Assim, a pessoa cria uma máscara para si e para os outros. A máscara do "está tudo bem". No entanto, assim não se resolve nada. Quando a pessoa chega ao estado de solidão, ela sente um grande vazio, sente que as coisas não fazem muito sentido, perde a noção do como sentir e passa somente a sofrer.

E então, uma grande transformação pode acontecer e mudar tudo. Mas somente quando a pessoa entende o que é preciso fazer. É hora de desistir. Não estou falando de desistir da vida, mas parar de querer algo das outras pessoas, digo no sentido do conhecimento. É aquela velha história, se você conseguir não ter nenhuma expectativa em relação a como as coisas deveriam acontecer, já resolverá grande parte do problema.

Esperar causa frustração, causa decepção, desamor. Vejo aqui no consultório pessoas permanecendo no problema porque têm a esperança de serem vistas, de serem cuidadas. Então, elas conservam o lado "vítima" na esperança de que os outros as vejam. Muitas, nestas horas, postam coisas nas redes sociais querendo um elogio ou que as pessoas falem delas de alguma forma. Mas a grande questão é que ninguém vai resolver a sua vida, somente você.

E será que vale a pena se destruir para que alguém o veja? Vale a pena perder o seu tempo e a sua vida querendo ser aceito? Não seria mais inteligente da sua parte fazer o contrário? Na verdade, perde-se muito tempo usando estes recursos que só fazem você continuar na mesma.

Descobri que o que faz a transformação acontecer é uma grande atitude corajosa de desistir de esperar por tudo o que venha do outro, e então, seguir para tudo o que a gente quer, sozinho e por nós mesmos. Então, siga para aproveitar sua vida. Não perca mais tempo com as migalhas que outras pessoas poderiam lhe oferecer. Os que conseguiram grandes feitos na vida descobriram isso: como desistir. Demita certas questões da sua vida e decida ser feliz por si mesmo. Os interessados que o acompanhem se quiserem.

17

Crie estabilidade emocional e espiritual na sua vida

Conseguir ser quem sempre desejou não é para ser um privilégio de poucos, é uma questão de estratégia que deve envolver consciência sobre várias partes do ser. A primeira coisa que você precisa saber, é que para criar resultados concretos na sua vida é preciso estar muito estável. Nada é criado do caos, a não ser aquilo que está no nível do caos, como o "pouco", o "limite", etc. O que significa então ficar estável emocional e espiritualmente? Como criar isso na sua vida? Como criar e manter resultados concretos e satisfatórios em todos os níveis? Vamos lá! É preciso criar este estado através da observação, do treino diário e de muita disciplina. Em outras palavras é preciso viver um estado de harmonia interior, e para que isso aconteça, é necessário que você aprenda a se manter sereno, confiante e no controle de suas emoções e pensamentos. Não há outra maneira. Quando você está preocupado com algo, está fora deste estado. Quando não entende o "como fazer" ou o "como chegar" a estes estados, simplesmente a sua vida não acontece e você não vai conseguir ficar satisfeito com os resultados que estiver obtendo, e quando você não consegue os resultados que deseja, consequentemente não consegue viver plenamente quem você realmente é.

Viver serenamente significa estar pleno de si mesmo, e para chegar neste estado é preciso entender tudo aquilo que o trava. Geralmente nossas travas são, na grande maioria, emocionais, ou seja, foram criadas. Uma trava emocional acontece quando a pessoa passa por alguma situação onde ouve ou vivencia algo sendo repreendido sobre ela, então a pessoa passa a acreditar que não pode ou que não vai conseguir, chegando até a achar que não é possível.

Quando a pessoa ouve de alguém que não é bom o suficiente, que é burro, lerdo, etc., principalmente na infância, esta informação fica armazenada dentro do inconsciente e passa a atuar em sua vida como um comando. Estes comandos ou programas armazenados na nossa mente precisam ser mudados para que você finalmente comece realizar coisas mais interessantes. E a melhor forma de mudar nossa programação inconsciente é através da sintonia em coisas boas, belas, serenas e estáveis, além de plena consciência sobre o que está se passando em sua vida.

É preciso ter consciência de onde você está na vida, aonde quer chegar e o que falta para chegar lá. Estar no controle significa saber o que sente, o porquê sente, é saber observar o que tirou você do eixo. Isso fará você treinar à volta ao estado estável quando perder a instabilidade. Este é um treino altamente necessário.

Outro ponto muito importante no processo é descobrir de onde vieram suas crenças, sua forma de pensar e ver a vida. Em seguida você deve começar a selecionar em sua mente, no que ainda quer continuar acreditando ou se submetendo. Limpar a mente é necessário para que você, a partir de agora, comece a selecionar o que entra, o que fica e o que saí.

Estar no momento presente de forma consciente e estando em um estado de serenidade e confiança criará um futuro perfeito. Vá para o controle da sua vida então!

18

Você dá o seu poder ao outro?

Quando você fica aborrecido com algo que vem do outro, significa que você está dando poder a esta pessoa. Está dando poder para que alguém possa aborrecê-lo, chateá-lo, tirar o seu sono. Você sabia que é possível ficar imune a tudo o que vem de fora? Vou ensinar como você pode fazer isso!

Primeiro é preciso entender algo bem básico: "O outro é o outro, você é você." Também precisa ter em mente que o outro tem o direito de pensar como quiser e que você deve entender que tudo aquilo que sai da boca de alguém é a opinião da pessoa. Quando você se lembrar de que o outro sempre terá a opinião dele e que muitas vezes esta opinião será diferente da sua, vai então decidir deixar a opinião do outro com ele.

Em outras palavras, aquilo que chega até você é do outro e deve permanecer com ele. O que acontece frequentemente é que aquilo que vem do outro o atinge porque você aceita o que ele diz, concorda com o que a pessoa falou, dá valor a opinião dela. Não é preciso discutir verbalmente com ninguém para evitar que tomem o seu poder, basta você fazer isso dentro da sua mente.

Da próxima vez que alguém falar algo sobre você, simplesmente não tente mudar o que a outra pessoa estiver falando, ouça e decida dentro de você se acha que é mesmo assim. Diga a si mesmo se concorda ou não com aquilo que está ouvindo.

Vejo muitas pessoas se aborrecerem porque tentam convencer o outro de que algo não é daquele jeito, ou tentam provar, de alguma forma, que o outro está errado. Mas ao invés disso, se você simplesmente entender que é só uma opinião e que isso não vai lhe afetar, você não perderá mais nenhum tempo com o assunto.

As pessoas passam horas sentindo e ressentindo o que foi dito. É como se o que foi dito fosse uma sentença. Mas não é. É simplesmente opinião! Não caia mais na tentação e na pretensão de querer agradar a todo mundo. Como já falamos, nem Jesus conseguiu agradar a todos.

Entenda que as pessoas são diferentes, e que cada pessoa tem o direito de pensar como quiser. Compreenda também, que as pessoas chegam a certas conclusões porque para elas aquilo é o certo. Lembrando que o certo e o errado não existem, é uma questão de opinião somente. E o ponto de vista pessoal de cada pessoa é criado de acordo com o entendimento que ela tem a respeito do assunto.

Portanto, livre-se deste peso e se entregue somente à sua opinião. Quando ouvir de alguém que você está errado, deve agir sabiamente. Deve analisar o que está por trás daquela opinião. Devemos admitir que, talvez, o outro esteja certo, portanto, é preciso tentar entender o ponto de vista dele, e quem sabe aprender uma grande lição para a nossa vida. Outras vezes você vai saber de cara que não é assim, e é nestes casos que deve simplesmente deixar a opinião do outro com ele. Se alguém chega e diz que você não vai conseguir (opinião dele) deve dizer a si mesmo internamente algo do tipo: "Vou sim, pois eu sei como." Ou: "Você que pensa que não." O importante é fazer isso internamente, jamais bata boca com alguém. Você não precisa da opinião do outro para se validar, precisa somente da sua certeza de que pode. E você sempre pode quando decide que vai chegar lá.

19

Como deixar o passado para trás?

P assado é memória somente! Tudo aquilo que já passou não tem que ter mais nenhum poder no momento presente. Por que então as pessoas ficam presas ao passado?

Porque as pessoas tentam consertar em suas mentes o seu passado revivendo-o. Existem vários motivos para isso acontecer. Muitas vezes algo escapou do controle e então a pessoa fica sentindo tudo novamente (ressentindo) em sua mente na tentativa de encontrar algum tipo de salvação. Outras vezes a pessoa revive algo porque sente saudades, mas não percebe que sentir saudades é bom desde que faça isso de forma saudável, sem apego ou desejo de que aquilo volte. Outras vezes ainda a pessoa fica na nostalgia tentando criar algo que nunca aconteceu. Todas estas formas de sentir deixam a pessoa presa a algo que não voltará mais. E excesso de passado pode causar depressão.

O que então se deve fazer com o passado?

Como o próprio nome diz, devemos deixar o que já aconteceu, passar. Isso significa que o passado deve ficar para trás. O útil do passado está nas grandes lições que podemos aprender através da observação do que se passou. Quando olhamos para algo que aconteceu tentando entender quais os motivos pelo qual aconteceu, devemos olhar principalmente com a mente aberta para entendermos qual foi o nosso papel no acontecido e então compreender de verdade. O mais importante é darmos crédito a nós mesmos pela grande lição aprendida. O problema está quando a pessoa não se perdoa pelo que aconteceu ou quando não perdoa alguém. A culpa não adianta nada, serve somente como um grande atraso. O ideal é entender. E a forma correta para se entender o passado é compreender que no momento em que tudo aconteceu, cada pessoa envolvida, inclusive você, conseguiu fazer o que pode dentro do seu próprio limite. Este limite significa que só podemos ou conseguimos dar aquilo que temos. E muitas vezes, olhando para trás, podemos então compreender que, naquele momento, ainda não tínhamos entendido ou não tínhamos condições emocionais, financeiras, físicas, etc., de fazer diferente.

Quando alguém olha para o passado da perspectiva do momento presente, vai julgar, pois já entendeu que algo não saiu como devia, ou seja, entende hoje que poderia ser diferente. Mas se olhar com a perspectiva de você mesmo, lá no passado, sem o conhecimento ou recurso necessário, vai entender que foi somente até onde conseguiu chegar. Pois se tivesse o conhecimento ou o recurso necessário faria com certeza diferente. Quando entendemos isso é possível então nos perdoarmos, assim damos crédito a nós mesmos e então nos livramos da culpa. Deixando o passado para trás sem culpa podemos nos sentir merecedores para recomeçar. Podemos nos propor a fazer melhor, a fazer diferente. O ideal é fazer isso com a consciência de que estamos sempre evoluindo e assim nossa caminhada ficará com certeza muito mais fácil!

20

Nosso sistema de convicções

Temos sentimentos tão fortes sobre determinadas coisas que elas acabam se tornando convicções em nossas vidas. Tornam-se padrões de comportamento, que seguimos por acreditar que são absolutamente verdadeiros. Quando se está convicto de algo, sua verdade passa a agir sobre todas as coisas, abrindo caminho ou dificultando sua vida. Mas, e quando você tem uma convicção limitante? Quando acredita lá no fundo que não vai conseguir? Como fazer para mudar isso?

Este é mais um dos encantos dessa nossa mente, que aprende por meio de comandos. Um dia, de alguma forma, você foi convencido de que essa sua convicção ou crença faz parte de sua existência. Depois disso passou a funcionar sob este comando espetacular. Automaticamente sua mente "se encarrega" de não deixar que certas experiências, ou situações, aconteçam em sua vida. Sua mente é seu empregado todo poderoso, não discute ordens, simplesmente executa.

Quando existe uma crença tão poderosa, daquelas que foram implantadas enquanto você não estava no comando, suas experiências serão repetidas da melhor forma possível para que você sempre obtenha aquilo que está programado. Mas nossa mente é um grande sistema que pode ser reprogramado a qualquer instante. Um trauma, um medo, é programado em segundos, mas podem ser desprogramados também, porém, podem levar mais tempo, pois é preciso chegar ao comando exato para fazer esta mudança.

Ferramentas como a PNL, Hipnose, Linha do Tempo e outras técnicas, são perfeitas para que se consiga refazer esta programação. Partes destas técnicas são pesquisas onde o terapeuta fará você relembrar onde tudo começou. Depois de lembrado será necessário fazer exercícios específicos para retomar o comando. Simples assim!

Observe esse exercício simples para a mudança de pequenas convicções: escolha uma imagem para representar uma crença. Imagine esta imagem em sua mente e preste atenção aos seus detalhes (sinta). Em seguida faça com que esta imagem vá perdendo a cor, como em uma fotografia desbotando. Este exercício funciona somente quando você usa o seu sentimento pensando na crença antes de escolher a imagem.

Por que um exercício como este funciona?

Porque nossa mente não reconhece a diferença entre realidade e não realidade. Aquilo que você escolher para representar sua crença será acatado porque você sentirá que a sua crença foi representada por algo.

Quando achamos algo, nossa mente acredita. Quando vemos alguma coisa, a nossa mente reconhece, mesmo que aquilo não seja verdadeiro. Tanto a visão de uma imagem de um cachorro quanto a de um cachorro de verdade representa para a mente "cachorro", ou seja, a mesma coisa. A ciência vem tentando explicar este fenômeno da mente já há algum tempo. O segredo é saber trocar estes comandos e assim desfrutar de uma vida mais fácil e feliz.

21

Escolha superar seus próprios limites

Muita gente vive preocupada tentando descobrir aquilo que poderia ser superado em relação a outras pessoas. Como fazer para conseguir um emprego parecido, ou algo igual ao que o vizinho tem, por exemplo, mas, em vez de perder seu tempo derrotando todos seus possíveis adversários, que tal começar derrotando seus próprios limites? Que tal propor a si mesmo resolver suas próprias limitações? Descobrir como fazer isso poderá tornar-se uma grande e gostosa aventura para dentro de si mesmo. Encontre um jeito de achar contentamento na sua vida superando seus limites pessoais dia a dia. Comece prestando atenção em tudo àquilo que tem se repetido por anos e não tem funcionado. Jogue fora velhas atitudes que não dão resultados. Tente caminhos novos, de formas diferentes, com pessoas diferentes. Este será um excelente recomeço. Faça uma lista (pequena) daquilo que é mais importante mudar no momento. Comece por ela, e comemore cada diferença que esta atitude já estiver fazendo em sua vida. Pequenos passos farão uma diferença enorme. Por exemplo, se pretende parar de fumar e nunca conseguiu, pode ser que sua motivação seja fatos externos a você, como sua esposa que vive falando no seu ouvido que fumar faz mal ou seu médico com seus alertas. Mas, se você mudar esta motivação para algo do tipo: eu vou parar porque irei me sentir melhor, e assim estarei mais feliz, porque quero me cuidar e viver mais e melhor, ver meus filhos crescendo, esta será sua verdadeira motivação, aquilo que fará diferença na sua vida, porque você quer atingir seu objetivo pessoal, superar essa limitação para si mesmo.

Quando você quiser algo de verdade, não arranjará "muletas" de desculpas, não deixará para o dia seguinte. Não é uma competição e não há adversários. O que existirá é seu desejo de ser uma pessoa melhor consigo mesmo. Fazendo isso, sua vida melhorará, e você estará mais feliz fazendo algo por você. Não importa o que você quer superar. Se a motivação for para si mesmo o resultado virá facilmente. Pergunte-se: *"O que devo mudar dentro de mim para que meu mundo fique melhor?"*, *"O que hoje faria diferença na minha vida?"* Isso lhe trará uma excelente motivação de hoje em diante.

Lembre-se de que a vida é feita de escolhas feitas por você mesmo o tempo todo. Inclusive coisas que acontecem de surpresa no nosso dia a dia, de forma não programada, e nós podemos escolher como resolvê-las ou como olhar para elas. Portanto, crie a vida que deseja, pague o preço necessário para que isso aconteça. Decida fazer o que é preciso e tudo poderá ser possível.

E ainda: limite só é limite quando você enxerga desta forma, a escolha é sempre sua na maneira de observar o que vai ser visto como limitante, difícil ou impossível de mudar!

Você precisa escolher ter um compromisso com o êxito se quiser mudar realmente sua vida. Se você não estiver comprometido em fazer essa mudança acontecer nada acontecerá, mas se entender que pode sim mudar e de forma interessante e que para isso basta decidir pagar o preço fazendo o que é necessário, com certeza tudo ficará muito mais simples de ser realizado.

Fracassa a pessoa que não se compromete. Observe as pessoas à sua volta e vai descobrir que as que não se comprometem com a mudança que querem realizar nunca chegam muito longe.

Ter esse compromisso significa estar constantemente atento aos sinais de que você está indo para onde deseja e não está saindo dos trilhos. É importante medir o seu progresso para ir adquirindo a certeza de que está chegando cada vez mais perto. Se autoincentivar é uma excelente maneira de chegar aonde deseja.

O caminho para a sua vitória pessoal será a paixão nutrida por si mesmo, é como se você fosse o seu maior fã. Por isso, ao medir suas vitórias, você vai se sentir cada vez mais forte e bem sucedido.

22

Problemas relacionados ao sentimento de fracasso

Infelizmente fracassar é muito mais simples do que realizar algo. Fracasso é na verdade uma desistência de continuar seguindo. As pessoas desistem de seguir em frente quando as coisas começam a ficar difíceis ou quando ouvem que o que elas desejam não é para elas ou que não vão conseguir. Existe muita torcida contra e praticamente nenhuma a favor. Basta você reparar quando um acidente acontece e as pessoas ficam querendo saber o quanto trágico ele foi, se a pessoa se deu mal, qual é a intensidade do sofrimento dos envolvidos, ou se vão sofrer consequências. Sempre teremos pessoas que estão dispostas a ouvir sobre as questões que não estão indo muito bem em nossas vidas. No fundo as pessoas torcem para que as outras não sejam bem sucedidas porque assim elas não vão se sentir tão fracassadas. Não vão se sentir inferiores.

Fracasso é quando não sabemos o caminho que precisamos tomar para chegar aonde desejamos. Quando a pessoa não sabe, corre o risco de tentar muito, até todas as suas forças acabarem, mas é uma tentativa errada, porque ela não está tendo a percepção de que está tentando pelo caminho certo.

Existem muitos tipos de fracasso, segue alguns deles para que você compreenda como superá-los da forma mais simples possível. Quando conhecemos e entendemos os erros que cometemos fica mais fácil de corrigi-los.

Fracassar por si só:

Este é o fracasso mais constantemente visto e é aquele que ao ser superado, faz muita diferença na vida das pessoas. Trata-se do fracasso em relação ao amor próprio. Se você não tiver amor por si mesmo terá dificuldade de entender que você tem sim valor, ao contrário do que talvez certas pessoas digam, ou que situações do passado tenha dado a entender que você não merecia ou que nunca conseguiria ir adiante. Para ser detentor de algo ou de alguma situação, é preciso admitir a si mesmo que você pode sim ser merecedor.

Quando a pessoa sofre de desamor, ela vive de modo a não prestar muita atenção às consequências que as suas atitudes pode ter. Será uma pessoa que não se importa muito em sofrer e em perder tempo na vida. Aprender a se amar é uma questão de percepção de que você também pode. Aprenda que quem dará a si o aval para ser feliz é você mesmo e ninguém mais.

Quando a gente se ama, aprende também a amar aos outros, na ausência de amor próprio, suportamos os outros ou buscamos neles uma salvação de si mesmo. Quem não se ama não procura entender a própria vida, não busca resultados, não procura entender o que realmente acontece. A pessoa com falta de amor próprio acredita que não merece, e sendo assim, fica sempre na mesma. Essa pessoa fracassa porque fica presa nesta teia de sentimentos não merecedores.

Geralmente essas pessoas não aprenderam a se valorizar e não têm autoestima, elas não aprenderam a gostar de si mesmas, não aprenderam a se dar valor e assim, criam em volta delas uma atmosfera de vítimas fracassadas, sempre ocupadas demais, olhando para tudo que não conseguem em vez de aprenderem a dar valor às pessoas que são.

Para que isso mude é necessário começar a olhar para si mesmo e a se dar valor, por tudo o que você é. Ajuda bastante fazer uma lista de coisas especiais que você faz. Não no sentido de comparação em relação aos outros e sim em relação a si mesmo. É preciso ver que você é único e entender o seu diferencial. Não precisa ser uma coisa excepcional, basta entender que você é especial da sua maneira, que você faz tudo de um jeito único.

É preciso ficar atento também ao fracasso depressivo que leva a pessoa a se encostar. Acontece quando se perde a motivação porque já tentou muito e nada conseguiu. Na verdade essa pessoa se encosta querendo ser salva um dia por alguém. O perigo acontece quando, através do sentimento de derrota, ela passa a não se cuidar mais, engorda e destrói ainda mais a própria autoestima. É como uma bola de neve descendo o morro que vai ficando cada vez maior. Neste momento é preciso ter consciência de que é preciso parar agora e mudar de direção, passar a fazer tudo diferente. Não é fácil, mas é possível. Chegar ao fundo do poço até que é fácil, já subir é bastante trabalhoso.

Outra grande dificuldade encontrada para quem está na pior é manter os planos constantemente. É decidir realmente passar vontade, sentir dor, privação, fraqueza, mas mesmo assim continuar seguindo. São num destes pontos que as pessoas desistem. Fazem os planos e não conseguem ir adiante porque não querem se submeter ao preço que é preciso pagar.

Para se chegar à perfeição é necessário ter constância e ritmo. Através do ritmo constante as coisas começam a criar forças e a mudança começa aparecer. A atitude vai ficando dia após dia mais consolidada e isso trará mais autoestima para a pessoa que está seguindo com os seus planos. A melhor forma de autoincentivo é a visão de que algo que estamos fazendo está funcionando.

Fracasso relacionado aos resultados:

Muitas pessoas se escondem por trás de algo ao invés de admitirem a si mesmas, que o que faz com que as coisas não andem é somente o fato de que elas não se movem na direção certa e da forma correta. Essas pessoas preferem utilizar uma bela desculpa, porque assim, sentem que não é delas a culpa e sim de alguém, de uma situação, de tudo menos delas.

Através dessas desculpas elas se justificam e tiram o corpo fora. Não enfrentam a vida, e nem os seus problemas, não administram seus desafios. Elas somente se encolhem.

Essas pessoas vivem uma mentira, mentem para si mesmas e para os outros constantemente. Infelizmente o que elas conseguem com essa atitude é mais do mesmo, ou seja, continuam na mesma, não saem do lugar. Por trás dessas desculpas e mentiras a pessoa tem na verdade muitos medos. Medo de enfrentar a vida, medo de enfrentar a si mesmo e principalmente medo de obter realmente os resultados que tanto deseja. O excesso de medo paralisa, a falta de medo mata.

Quando a pessoa faz tudo igual e se utiliza de mentiras e desculpas, tanto para si mesmo, quanto para os outros, consegue somente ficar no mesmo lugar e isso é muito confortável.

Fracasso relacionado à falsa imagem:

Existem pessoas que se escondem por trás de um falso olhar para si mesmas e usam aquilo que elas acreditam serem verdadeiro, mas que na verdade não é. Essas pessoas constantemente dizem a si mesmas e aos outros que são felizes, que estão bem ou que não precisam de nada, se colocando num patamar de pessoas bem resolvidas. Mas na verdade não são. Na realidade, elas têm grande dificuldade de admitir aquilo que falta nelas. Trata-se na verdade de ego, orgulho bobo. Essas pessoas são especialistas em levantar muros à volta delas, porque admitir o fato de que não conseguem, seria muito dolorido, portanto elas se escondem por trás dessa falsa ideia de que o que falta não faz falta. Um gordinho que não admite ser gordo e usa a desculpa de que vive muito bem assim, e que gosta de viver assim, na verdade esconde por trás de tudo isso uma sensação de fracasso enorme, e como não consegue emagrecer de nenhuma maneira, prefere escolher uma desculpa que faz as pessoas acreditarem que ele é realmente feliz dessa forma. Não estou falando que ser magro é o único padrão aceitável, somente estou dizendo que algumas pessoas fingem que não se importam, mas na verdade se importam e muito, e dariam tudo por uma solução.

Muitas dessas pessoas acabam ficando arrogantes e com uma autoestima tão exagerada que passam a desrespeitar as pessoas à sua volta. Acreditam que só elas sabem, que só elas estão certas e que o mundo precisa servi-los. Com este comportamento exagerado a pessoa passa a ficar isolada. Tolerar uma pessoa convencida é uma tarefa muito difícil, muita gente prefere deixá-las de lado. Essas pessoas precisam entender que precisarão baixar a guarda, aceitar a ajuda e a opinião dos outros. Somente assim elas vão conseguir consertar aquilo que está desajustado em suas vidas.

Para fazer a mudança, essa pessoa precisa aprender a abrir o coração a si mesmo e aos outros. Precisa aprender a parar de se reprimir, e para isso, é necessário que a sua autoimagem melhore. A melhor forma de se fazer isso é passar a olhar para as qualidades verdadeiras que você tem e ignorar as falsas.

23

Libertando o poder interior

Existem muitas formas de criar poder. Poder no sentido de força que servirá para estimular você a continuar seguindo, que irá ajudá-lo a fazer o que for preciso para ter em si mesmo a força necessária. Este poder tem alguns ingredientes, dentre eles o conhecimento emocional, psicológico e espiritual. É uma forma de se autoincentivar diariamente.

Sempre que você estiver com um problema, siga o programa que vou apresentar neste capítulo e tudo se encaminhará para melhor. Ao acordar leia e medite sobre cada frase, são afirmações diárias, mas se não for possível fazer diariamente, se adeque da forma que for melhor para você. Durante o dia reflita sobre o ensinamento e mantenha-se em paz.

Os desejos que temos, quando misturados com a força da fé, são liberados para que consigamos qualquer resultado. Isso acontece porque se cria uma força emocional poderosíssima, capaz de fazer grandes milagres. Nossa mente é muito forte, e quanto se junta com os sentimentos, pode realmente mudar muita coisa. Os decretos aqui presentes farão você trabalhar a sua fé e assim aumentar sua crença de que é possível conseguir aquilo que deseja.

Se entregar é necessário sempre, se debater diante de um problema é a pior solução. Ao se entregar ao que você deseja, estará aceitando receber e ao mesmo tempo aceitando o que virá. Tente não ficar controlando como exatamente você quer que tudo aconteça. Ao pedir o melhor, entenda que o melhor é o melhor sempre, mas que você pode interpretar diferente por desejar as coisas do seu jeito. Tudo tem um propósito, se certas coisas não acontecem como desejamos, muitas vezes é porque existe uma razão maior da qual desconhecemos. Se observar a sua própria vida, você vai se lembrar de momentos que tentou antecipar as coisas e que descobriu depois, que a forma que aconteceu foi a melhor, não é mesmo?

Este programa foi criado também com a finalidade de auxiliar você a aprender a esperar o momento certo. E o momento certo é único. A espera não é fácil, mas será muito gratificante se você estiver presente o tempo todo. Estar presente significa curtir o que você tem no momento em vez de querer curtir somente quando tiver algo diferente. Temos que parar para sentir as coisas. Se estiver triste, sinta a tristeza, aceite a tristeza. Se está faltando alguma coisa a você, aceite que neste momento você não pode ter aquilo e não se revolte. Lembre-se que se debater piora a situação, quando você se entrega dói menos.

Estar na entrega, no silêncio, no vazio é uma bela arte e deve ser treinada por todos. Está comprovado que pessoas que ficam no silêncio interior conseguem resultados muito melhores em suas vidas porque se entregam ao presente, ao que existe no momento. O passado já se foi e o futuro não chegou ainda.

Meditar é a arte de silenciar e deve ser aprendida. Para começar a meditar, fique alguns minutinhos quietinho, escolha um lugar que transmita paz ou sossego e sente-se ou deite-se confortavelmente. Escolha um momento que não esteja muito cansado para não ter sono. Em seguida feche os olhos, inspire fundo pelo nariz e solte o ar pela boca. Então relaxe ainda mais e preste atenção às partes tensas do seu corpo. Depois fique em silêncio o máximo possível, sem pensar em nada, somente contemplando o momento. Isso é meditar.

Antes de iniciar o programa pense no que realmente precisa mudar na sua vida, pense num pedido e o elabore em sua mente da melhor forma possível. Concentre-se por alguns segundos e repita com consciência e fé. Lembre-se de que a fé é uma crença de que o que deseja pode acontecer.

Obs.: este é um tipo de meditação ou decreto que foi formulado por três bases: Primeiro pela parte religiosa/bíblica, depois por psicólogos e depois por filósofos.

Afirmativas Diárias
Programa de nove semanas

- 1º Dia: *Se pedires, Deus vos dará. Se buscardes, Deus vos fará encontrar. Se baterdes, Deus vos abrirá a porta. Pois tudo o que pedes, recebes de Deus. O que buscas, encontrarás em Deus. A quem bate, Deus abrirá a porta.*

  O primeiro passo para se conseguir o que deseja, além de saber exatamente o que deseja (com todos os detalhes), é pedir!

- 2º Dia: *Em verdade vos digo: se dois dentre vós sobre a Terra concordarem a respeito de qualquer coisa que desejam pedir, isto será concedido por meu pai que está no Céu, porque onde estiverem dois ou três reunidos em meu nome ali estarei entre eles.*

  Acredite que aquilo que você quer é possível, e que essa corrente energética reunida com o mesmo propósito só aumentará sua fé.

- 3º Dia: *Por isso vos digo que tudo quanto pedirdes em oração (meditação/concentração), crede que receberás e assim será para convosco.*

  Pedir é necessário e é uma importante parte da realização do seu desejo (saiba sempre o que você quer). Elevar seu pensamento concentrado com aquilo que você quer é uma forma de oração poderosa. É o poder da intenção em ação.

- 4º Dia: *Se tens fé, cumpre sabendo que tudo é possível àquele que crê.*

  Acreditar que é possível é uma importante parte da conquista.

- 5º Dia: *Não te disse Eu, que se orardes verás as glórias de Deus?*

  Muitas vezes basta definir e expressar aquilo que você quer.

- 6º Dia: *Tudo quanto pedirdes em meu nome, Eu o farei afim de que o Pai seja glorificado através do filho. Por isso repito: se pedirdes alguma coisa em meu nome, Eu o farei.*

  Você é merecedor, peça com fé e desde já se sinta grato por isso.

- 7º Dia: *Se vós estiverdes em mim e minhas palavras estiverem em vós, pedireis o que quiserdes e a vós será concedido.*

  Esta afirmação diz respeito ao entendimento de que basta sentir-nos uno com Deus. Não estamos separados. É preciso nos acostumar com a ideia de que somos um só.

Obs.: agradeça a Deus pelas palavras orientadoras, confortadoras e inspiradoras. Releia essas palavras mais de uma vez, antes que o dia termine.

As sete afirmativas seguintes foram feitas pelos apóstolos de Cristo, aqueles que conviveram com ele e de Deus receberam a missão espiritual. Não coloque dúvidas nestas afirmações, elas são profundamente verdadeiras.

- **8º Dia:** *Esta é a confiança que temos nele: que se pedirmos alguma coisa, segundo a sua vontade, Ele nos atenderá.*

  Você merece aquilo que deseja, confie nisso!

- **9º Dia:** *Se, porém, algum dentre vós necessite de alguma graça, peça a Deus, que a todos dá literalmente e nada vos nega. Peça, porém com fé e em nada duvidando. Não suponha ou duvide que conseguirá de Deus alguma coisa.*

  O princípio de acreditar de verdade é não duvidar!

- **10º Dia:** *Se Deus estiver conosco quem poderá estar contra nós?*

  Você é a única pessoa que pode impedir seu desejo de ser realizado.

- **11º Dia:** *Podes vencer todas as coisas pelo poder Crístico. Esse poder é seu e sempre terás forças dele.*

  Temos um imenso poder de ajuda, basta sabermos usar!

- **12º Dia:** *Mas eu sei em quem tenho acreditado, estou certo de que ele é poderoso e guardará meu tesouro até o dia certo de me entregar.*

  Tudo tem a hora certa, creia nisso!

- **13º Dia:** *Os olhos jamais viram as bênçãos que Deus tem preparado para aqueles que o amam.*

  Podemos receber algo muito melhor do que desejamos, e é por isso que a espera é necessária.

- **14º Dia:** *Porque tudo aquilo que é gerado por Deus, vence o mundo. E essa é a vitória do mundo: nossa fé.*

  É preciso acreditar que existe um poder maior do que compreendemos. E este poder é capaz de fazer qualquer coisa acontecer na sua vida.

Obs.: as afirmativas seguintes foram feitas por teólogos, psicólogos e pessoas que passaram por profundas experiências espirituais. Não duvide delas, pois tem o poder de abrir ainda mais seu espírito para ter fé!

- **15º Dia:** *Nossa fé ao iniciarmos um empreendimento duvidoso, é a única coisa – compreenda bem isso – é a única coisa que assegura o bom êxito dele.*

  Nada mais temos no começo a não ser o desejo e a fé naquilo que queremos! Todos começam do mesmo jeito.

- **16º Dia:** *Todo problema pode ser resolvido de maneira acertada se fizermos orações afirmativas.*

  As orações afirmativas liberam as forças por intermédio das quais se conseguem os resultados.

- **17º Dia:** *É importante lembrar que você está lidando com a maior força existente no Universo quando estiver fazendo a sua oração. A força que criou o próprio Universo: Deus.*

  Deus pode criar os caminhos para a realização de seus desejos. Se você tem um problema, Deus também tem o mesmo problema, e ele sabe como resolvê-lo.

- **18º Dia:** *O poder da oração é a manifestação da energia. Assim como existem técnicas científicas para a liberação de energia atômica, existem também processos científicos para a liberação de energia espiritual através do mecanismo da oração.*

  Quanto mais alerta você estiver quanto ao fato de que existe este poder, mais fácil ficará dia a dia. Você acreditou que não podia e que era difícil. Agora através do hábito da oração você impregnará sua mente para acreditar que é sim possível.

- 19º Dia: *A capacidade de possuir e utilizar a fé e de conseguir a liberação da força espiritual que ela proporciona, é uma habilidade que, como qualquer outra, deve ser estudada e praticada a fim de chegar à perfeição.*

  É preciso continuar praticando, porque a prática levará a perfeição. Não desista, continue em direção ao que você deseja.

- 20º Dia: *As atitudes são mais importantes do que os fatos. Qualquer fato que enfrentamos, por mais penoso que seja, não será tão importante quanto as nossas atitudes para com ele. Por outro lado, a oração e a fé podem modificar inteiramente um fato.*

  É preciso entender que você pode dar o significado que deseja para os fatos que acontecem na sua vida. Você não consegue mudar algo que já aconteceu, mas consegue escolher como se sentirá a respeito do que aconteceu.

- 21º Dia: *Faça uma lista mental dos valores positivos que você possui. Quando encararmos mentalmente estes valores e os pesarmos, entenderemos tudo muito melhor. Nossas forças interiores começarão a firmar-se e seremos levados à vitória.*

  Ter em mente quem você é o fortalecerá. Você não é aquilo que aconteceu e sim o que resolveu se tornar perante o que aconteceu. Entenda que os fatos pelo qual passou na vida o fortaleceram e fizeram com que você se tornasse esta pessoa que é hoje.

Obs.: fim da terceira semana. Você já venceu um terço deste programa. Agradeça a Deus por isso. Releia as afirmativas passadas e renove os propósitos de não interromper esta atitude de reavivamento espiritual e emocional.

- **22º Dia:** *Concebo Deus como estando ao meu lado, no trabalho, em casa, na rua, no automóvel, sempre perto, como um companheiro muito íntimo.*

  Leve a sério o conselho de Cristo: ore sempre, fale com Deus de forma natural, espontânea. Deus o compreenderá.

- **23º Dia:** *O fator básico da física é a força. O fator básico da psicologia é o desejo realizável. A pessoa que pressupõe o fracasso acaba fracassando. Quando se imagina o êxito, ele tende a tornar-se realidade na proporção que se imagina.*

  Nosso interior molda nosso resultado exterior. Você se torna aquilo que pensa que é. Portanto vigie os seus pensamentos para pensar somente coisas boas a respeito de si mesmo.

- **24º Dia:** *Não alimente pensamentos negativos durante suas orações. Somente os pensamentos positivos dão resultados. Afirme agora: Deus está comigo. Deus está me ouvindo. Ele está providenciando a resposta certa para o pedido que lhe fiz.*

  Evite tudo aquilo que não acrescenta nada em sua vida. Evite ficar pensando em coisas que não fazem bem a você. Tenha em sua mente frases positivas a respeito de si mesmo e as repita constantemente.

- **25º Dia:** *Aprenda hoje a magia da crença, alimentando no espírito pensamentos positivos. Modifique seus hábitos mentais para crer ao invés de duvidar. Aprenda a esperar e não ser imediatista. Procedendo assim, trará a graça que almeja para o reino das possibilidades.*

  Viva o momento presente com toda intensidade sem se preocupar com o que virá depois. Confie que algo maravilhoso está por acontecer na sua vida.

- 26º Dia: *A pessoa que confia em Deus e em si mesmo, que é positiva e cultiva o otimismo, que empreende uma tarefa com a certeza de que será coroada de êxito, magnetiza sua condição. Atrai para si as forças criadoras do Universo.*

  Para criar os resultados que você almeja é preciso estar constantemente sintonizado em coisas boas e positivas. Mantenha uma atitude serena de paz e confiança e atrairá com mais rapidez aquilo que deseja.

- 27º Dia: *Há uma profunda tendência para se alcançar o que está gravado no espírito, mas é preciso que o nosso objetivo seja justo. Por isso afaste do pensamento ideias negativas. Nunca aceite que o pior possa acontecer. Espere sempre o melhor e o poder criador e espiritual do pensamento, auxiliado por Deus, há de lhe conceder a melhor solução.*

  É preciso ser constante em seus pensamentos. Passe a maior parte do tempo vigiando o que se passa pela sua mente. Quanto mais atento estiver mais rápido alcançará o seu desejo.

- 28º Dia: *O poder da fé faz milagres. Você poderá conseguir as coisas mais extraordinárias pelo poder da fé (confiança também é fé!). Por isso, quando pedir a Deus alguma graça, não alimente dúvidas em seu coração por mais difícil que seja.*

  Lembre-se de que:
  O poder da fé faz maravilhas.

  Obs.: fim da quarta semana. Você já notou a diferença que certas afirmativas estão operando em você? Agradeça a Deus por isso e peça que continue lhe aperfeiçoando cada vez mais.

- 29º Dia: *Lembre-se sempre: a dúvida veda o caminho para a realização. A fé abre este caminho.* O poder da fé é tão grande que nada há que Deus não possa fazer por nós, conosco e por meio de nós se permitirmos que ele canalize a sua força através do nosso espírito.

  A confiança é o caminho. Entenda que é preciso seguir sempre vigilante e com os pensamentos constantes em tudo o que diz respeito às coisas boas e positivas.

- 30º Dia: *Repita várias vezes hoje as seguintes afirmações:*
  Acredito que Deus está libertando forças que me dará o que desejo. Acredito que estou sendo ouvido por Deus. Acredito que Deus abrirá sempre um caminho onde não existe caminho.

- 31º Dia: *O tempo é o grande aniquilador da pessoa humana. É a preocupação mais sutil e mais disseminadora de todas as doenças humanas. Entregue agora seus temores e suas preocupações a Deus todo poderoso. Ele sabe o que fazer com isso.*
  Mantenha-se confiante no momento presente e estará unicamente focado no que você tem de bom.
  Pare de se "pré – ocupar" com as coisas que não têm controle. Só temos controle sobre aquilo que está aqui, agora!

- 32º Dia: *Ter fé não é fazer força para crer. É passar do esforço para a confiança. É mudar a base de sua vida passando a basear-se em Deus e não apenas em você.*
  Ter fé é receber de bom grado aquilo que você crê.

- **33º Dia:** *Cristo disse: "Se tiveres fé do tamanho de um grão de mostarda, nada será impossível."*

    A fé não é uma ilusão, ou mesmo uma metáfora. Ela é um fato absoluto, comprove!

- **34º Dia:** *Diz o ditado popular que devemos ver para crer. Cristo ensinou o contrário, diz ele:*

    "Creia para ver!"

- **35º Dia:** *A fé traz os acontecimentos do futuro para o presente. Mas se Deus demora em atender é porque ele tem o propósito de fazer endurecer mais a nossa fibra espiritual através da espera, ou então ele demora, para fazer um milagre ainda maior. Suas demoras são sempre propositadas.*

    "Os moinhos de Deus moem devagar..."

    Obs.: fim da quarta semana. Você já passou da metade desse programa. Agradeça a Deus por isso e renove seus propósitos de não interrompê-lo.

- **36º Dia:** *Mantenha sempre a calma. A tensão impede o fluxo da força do pensamento. Seu cérebro não pode funcionar eficientemente sob tensão nervosa. Enfrente tranquilamente os problemas. Não tente forçar uma resposta. Mantenha o espírito tranquilo para que a solução possa aparecer com serenidade e clareza.*

    Mesmo tendo de realizar um trabalho que não gosta, de agora em diante, aceite com carinho a tarefa, você verá que tudo começará a mudar. Mesmo que tiver de limpar privadas, faça como se estivesse meditando, com carinho e atenção, e então você verá a grande diferença!

- **37º Dia:** *Acredite que a força que gerou o seu pedido está se materializando da melhor forma para você. As provas, os obstáculos, as dificuldades são necessárias, pois através deles somos estimulados à busca interior.*

  Se aquilo está no seu caminho é porque você tem algo a ver com isso. Aceite e confie que em breve tudo vai melhorar.

- **38º Dia:** *Lembre-se de que as afirmações divinas são verdadeiras leis. Lembre-se também, de que as leis espirituais governam todas as coisas. Deus disse através de Cristo:*

  "Se tens fé cumpre saber que tudo é possível àquele que a tem." Esta lei é imutável!

- **39º Dia:** *Não faça somente pedidos quando orar, afirme também que lhe estão sendo dadas muitas bênçãos e as agradeça. Faça uma oração em intenção de alguém com quem você não simpatiza ou que o tenha tratado mal.*

  O ressentimento é a barreira número um para a realização do objetivo.

- **40º Dia:** *Manifeste sua confiança em aceitar a vontade de Deus. Peça o que quiser, mas esteja pronto para aceitar o que Deus lhe der.*

  A solução divina é sempre a perfeita.

- **41º Dia:** *Há um poder supremo que pode fazer tudo por você. Não tente vencer seu problema sozinho. Recorra a ele e usufrua de seu auxílio. Peça resposta específica e ele lhe dará.*

  Acredite que você merece conseguir ajuda para passar para a próxima etapa na sua vida. E acredite que esta ajuda existe e está disponível para você agora.

- 42º Dia: *Durante o dia de hoje diga várias vezes a si mesmo:*

   A concretização do que almejo não depende da minha habilidade, mas da fé que depositei na habilidade de Deus que tudo pode.

- 43º Dia: *700 anos a.C um profeta israelita disse:*

   "Não soubeste? Não ouviste ainda que o eterno Deus, o senhor, o criador de todas as coisas não desfalece, não cansa, nem dorme? A sua compreensão é poderosa. Ele dá força aos fracos e renova a resistência dos que a buscam. Foi uma bela notícia, não é mesmo?"

   Persistir significa continuar seguindo em frente. Nada é por acaso. Acredite que em breve sua vida se transformará.

- 44º Dia: *Faça agora a seguinte oração:*

   "Coloco o dia de hoje e a minha vida nas mãos de Deus. Das mãos de Deus só pode vir o bem. Sejam quais forem os resultados deste dia, tudo está nas mãos de Deus de onde só vem o bem."

- 45º Dia: *Hoje, além da fé, ponha em prática a ideia da presença de Deus. Creia sempre que Deus é tão real e presente como qualquer pessoa que convive com você. Creia que as soluções que ele apresenta para os seus problemas não tem erros. Creia que você será guiado em suas ações em conformidade com a vontade divina.*

   Tudo que está presente na sua vida existe por um motivo. Confie que em breve tudo se resolverá como tem que ser.

- 46º Dia: *Diga hoje:*

    "Sei que vou conseguir o que desejo, sei que vou vencer todas as coisas, todas as minhas dificuldades. Sei que possuo forças criadoras para enfrentar qualquer situação, pairar acima de qualquer derrota e resolver todos os problemas embaraçados que por acaso possam haver em minha vida. Esta força vem de Deus."

- 47º Dia: *Aprenda hoje um fato importante, seja qual for a situação na qual estiver, não fique tenso, relaxe os nervos, mantenha-se calmo, assuma uma atitude amiga. Tenha fé e dê o melhor de si mesmo. Desta forma estará apoderando-se da paz do mestre. Ele disse:*

    "Deixo-vos a paz, a minha paz vos dou. Não turbe o vosso coração nem se atemorize."

- 48º Dia: *Jesus disse:*

    "Vinde a mim todos vós que estais cansados, sobrecarregados e eu vos aliviarei. Aprendei comigo a humildade e a mansidão de espírito e encontrareis conforto para os vossos corações."

    Este convite é feito para você também. Dirija-se a Ele hoje.

- 49º Dia: *Se você tem alguma amargura, o remédio mais acertado para ela é o conforto salutar que advém da fé em Deus. Inegavelmente a receita básica para a sua amargura é entregar-se confiantemente a Deus e desabafar com Ele o que oprime o seu coração. Ele há de drenar a opressão de seu espírito.*

    Peça a Deus para entender o porquê você se sente assim e será confortado.

- **50º Dia:** *Um famoso trapezista estava tentando encorajar um aluno a fazer acrobacias no alto do trapézio de um circo, mas o rapaz não conseguia, pois o medo de cair não o deixava. Foi então que o professor lhe disse uma das mais extraordinárias frases desta vida:*

    "Olha, lance o seu coração sobre a barra que o seu Ser o acompanhará. O coração é o símbolo da atividade criadora."

    Lance o seu coração sobre a barra quer dizer:

    "Lance o essencial e o espiritual do seu Ser sobre os obstáculos, que todo o seu ser o acompanhará."

    Então você há de ver que os obstáculos não são tão resistentes quanto parece.

- **51º Dia:** *Hoje você pode estar certo de duas coisas: qualquer experiência que nos tortura a alma traz consigo a oportunidade de crescermos com ela e, a maior parte dos transtornos desta vida está dentro de nós mesmos. Felizmente a solução para eles também está ali, dentro de nós.*

    Temos o poder de criar e de destruir sentimentos e atitudes dentro de nós. Use o lado criativo da sua mente somente para construir coisas boas e positivas em sua vida.

- **52º Dia:** *Apodere-se hoje do otimismo. Otimismo é o pensamento iluminado. Quando nossa mente está cheia de otimismo, nossas forças naturais recriadoras são estimuladas por Deus. O otimismo tem seus alicerces firmados na fé, na confiança e na esperança solene de que existe solução para todos os problemas.*

    Ser otimista significa ver felicidade em tudo. Seja otimista e começará a enxergar somente coisas boas.

- 53º Dia: *Homens fortes, de fé e que realizam grandes obras sabem que os problemas são para a mente o que os exercícios são para os músculos, desenvolvem a resistência e levam uma vida construtiva e realizada.*

    Sinta-se grato por todas as experiências de sua vida.

    Essa é a chave!

- 54º Dia: *Não fique preso as desilusões do passado. Não permita que isto lhe entristeça o presente, tampouco que lhe atrapalhe o futuro. Diga a si mesmo:*

    "Não vou mais me preocupar com o passado, vou pensar no futuro, pois é nele que vou passar o resto da minha vida."

    Coloque sua atenção no agora e automaticamente estará mudando seu futuro.

- 55º Dia: *Se pretende que suas energias sejam renovadas diariamente, se entregue e confie na força criadora do Universo. Fazendo isso conscientemente fará com que seja guiado e realize seus propósitos.*

    Confiar é essencial!

- 56º Dia: *Muita gente não tinha o costume de orar e passou a fazê-lo porque descobriu que a oração não é um exercício visionário dirigido a santos ou ministros religiosos. Essas pessoas descobriram que a oração pode ser um método prático e científico para estimular a mente e a capacidade que liga o nosso espírito a Deus. Sua graça pode então fluir livremente para nós.*

    Orar significa interiorizar-se para se comunicar com Deus. Se interiorize para sempre estar ligado a Deus.

- **57º Dia:** *De uma coisa você pode ter certeza: você jamais conseguirá resultados se não se concentrar naquilo que deseja. É preciso "colocar" seu tempo naquilo que você deseja, abrir espaço para que o seu desejo aconteça.*

  Tudo aquilo que você insiste persiste. Portanto, persista em conseguir o que deseja.

- **58º Dia:** *Acredite que a força que gerou o seu pedido está se materializando da melhor forma para você. As provas, os obstáculos, as dificuldades são necessárias, pois através deles somos estimulados à busca interior.*

  Nada é por acaso, nenhuma folha cai de uma árvore em vão. A demora tem a ver com tudo aquilo que é preciso ser entendido.

- **59º Dia:** *Conquistar Deus não se faz às pressas. Permanecer muito tempo com Deus é o segredo para conhecê-lo e fortalecer-se nele.*

  Deus é energia criadora.

- **60º Dia:** *Quando você planta um pensamento/desejo, faça como faria com uma semente. Regue e aguarde. Pois se ficar toda hora duvidando que ela vá nascer, cavando o buraco para ver o quanto ela já cresceu, impedirá o seu crescimento com suas dúvidas.*

  Confie! E sinta-se grato sempre.

- **61º Dia:** *A oração da inteligência traz sabedoria; alegra e fortalece a mente. Podemos aprender a criar muito mais em dez minutos de oração do que em muitas horas de escola.*

  Você pediu Deus lhe deu; você buscou Deus o fez encontrar, você bateu Deus lhe abriu a porta.

- 62º Dia: *Deus faz tudo para nós em resposta às nossas orações. Todas as pessoas que conseguiram realizar coisas extraordinárias na vida são unânimes em afirmar que deram ênfase à oração, que se entregaram a ela com verdadeira confiança. Muitas vezes a única coisa que temos é o direito de pedir ajuda divina. Mesmo quando nenhuma outra "luz" encontra-se a sua disposição, quando todos os caminhos estiverem fechados, peça a Deus e ele o atenderá!*

    Deus é fiel, portanto confie que receberá e receberá. Os outros não precisam acreditar; somente você precisa acreditar.

- 63º Dia: *Em qualquer situação da vida, orar é a maior coisa que podemos fazer. Deve sempre se lembrar de fazer isso em quietude e dedicação. Se tiveres fé, cumpre saber que tudo é possível àquele que a tem!*

    Acredite no bem. Acredite no seu Eu Divino. Você nunca está só. Cada obstáculo vencido é uma faceta a mais lapidada em seu espírito. Agradeça pela vida e por todas as oportunidades sempre!

Desejo a todos os meus queridos amigos e companheiros de jornada que nunca desistam, seja qual for a situação.

Agora, pegue todas aquelas listas que você fez durante a leitura deste livro e compare-as, veja quais pontos você já conseguiu entender e agradeça, se concentre naqueles pontos que ainda faltam ser resolvidos ou entendidos e com certeza você irá obter os resultados desejados.

24

Experiências de consultório

O objetivo deste livro é apresentar a um maior número de pessoas, as situações mais comuns pelas quais me procuram no consultório e como resolvê-las. Eu o escrevi, portanto, baseado em minhas experiências de 20 anos, de como vi as transformações acontecerem. Alguns fatos são comuns, outros nem tanto, mas todos trazem pessoas à procura da resolução de uma situação da qual não aguentam mais em suas vidas. Essas pessoas descobrem que precisam de uma mudança, mas não estão sabendo como mudar. Elas admitem para si mesmas que precisam de ajuda, e este é o primeiro grande passo que elas dão.

Acredito ser de grande valia saber sobre as resistências que as pessoas apresentam em suas vidas quanto à solução de seus problemas.

Eu costumo explicar que seria fácil resolver os problemas das pessoas se elas não teimassem tanto. Esta teimosia diz respeito ao que acham sobre seus problemas. Umas das coisas mais comuns que acontece no consultório é a pessoa chegar achando que conhece muito bem o seu problema, e que já sabe inclusive como fazer para tratá-lo, na verdade ela acha que o seu problema diz respeito a algum fator específico e também acha que tomando certas atitudes, o problema se resolverá. Um bom exemplo é a pessoa acreditar que todos os seus problemas acontecem devido a fatores já ocorridos, como ter perdido alguém na infância, por exemplo, ou algo que ainda não aconteceu como não ter dinheiro suficiente. Na maioria dos casos estas pessoas estão erradas. Elas acham que o problema é aquilo que elas apresentam.

Quando estamos dentro do nosso problema tendemos a olhar por um ângulo mais confortável ou desejável. É aquela velha história, na maioria dos casos, a pessoa não percebe que a falta de solução está ligada a uma autossabotagem ou a incapacidade de olhar com mais sabedoria para o problema em si, elas acreditam que já conhecem a resposta e não percebem que na realidade, é aquilo que elas desejam como resposta.

É comum as pessoas misturarem o fato aos sentimentos e fazerem uma grande salada com tudo, sem perceberem que desta forma, estão aumentando o problema.

O fator número um que leva as pessoas ao meu consultório é a autossabotagem, que é na verdade um mecanismo inconsciente de proteção. Funciona como um limitador e protege a pessoa para que ela não passe de um determinado patamar na vida. É considerado um mecanismo de proteção porque é criado através da dor emocional principalmente.

Acontece quando a pessoa passa por alguma situação limitante, angustiante, dolorosa ou qualquer outra circunstância em que após o episódio ela conclui erroneamente, e geralmente de forma inconsciente, que não poderá ou não quer mais passar por aquilo, é como se ela passasse por alguma situação limite e prometesse a si mesma que isso jamais acontecerá novamente.

Pode acontecer também, de esta conclusão errônea vir ao assistir ou presenciar algo traumático. É comum, no caso de crianças, que elas prometam a si mesmas que não repetirão certas histórias vivenciadas pelos adultos à sua volta ou que simplesmente aceitam ideias e crenças limitantes, sem usarem nenhum filtro. Simplesmente crescem com certas ideias sobre poder ou não poder e o subconsciente executa de forma louvável. Então, ao crescerem, passam a por em prática aquelas crenças de forma automática, na qual, racionalmente, desejam algo de uma forma, mas o inconsciente bloqueia.

Outra forma de autossabotagem muito comum acontece quando a pessoa cria dentro dela um sentimento de culpa, tanto por ter feito algo errado, como por não ter feito algo que deveria.

Este sentimento funciona como um tipo de castigo. A ideia de castigo vem de um fundo religioso, de crenças religiosas.

Isso acontece quando temos plantado em nossa mente valores sobre o certo e o errado, o aceitável e o não aceitável. Então ao fazermos ou deixarmos de fazer algo que acreditamos que tinha que ser feito de uma determinada maneira, anteriormente aprendida, criamos uma segunda ideia ou crença. Criamos a ideia de que não fomos uma boa menina ou menino e por isso precisamos ser castigados. A ideia de castigo fica gravada como o não merecimento: "Não fiz ou fiz errado, logo não mereço." E o que acontece é que ao achar que não merece, ela se afasta dos resultados do merecedor, então não consegue chegar aonde realmente deseja.

Vou dar um exemplo próprio: quando eu era pequena e tinha por volta de uns oito anos, eu morava com o meu pai. Meus pais nunca foram casados, um dia meu pai me levou para visitar a minha mãe que morava em Minas Gerais. Lembro exatamente da cena quando, ao ir embora, fiquei olhando para ela pelo vidro de trás do carro. Ela achava que eu havia escolhido meu pai, e eu na verdade tinha escolhido um urso de pelúcia. Eu tinha um ursinho que tinha ficado na casa do meu pai, minha mãe me perguntou se eu queria ficar com ela, mas eu disse que não, porque eu não queria ficar sem o meu ursinho. Depois daquele dia aconteceram duas coisas: primeiro, eu tinha uma imensa saudade dela , segundo, ela me cobrou algumas vezes pelo fato de eu ter escolhido o urso ao invés dela. Eu, sendo criança, conclui de forma inconsciente que fazer uma escolha e "seguir" foi muito ruim. Estava criado aí um mecanismo de autossabotagem que eu pude entender somente muitos e muitos anos depois, ao passar por um momento bem difícil na minha vida.

Certo dia eu conheci uma pessoa que, em vários sentidos, estava em uma época muito diferente de mim, tanto emocional como financeiramente. Então eu me sabotei porque passei a acreditar que se eu "fosse adiante" ficaria ainda mais distante dele e, portanto, me sabotei na esperança de assim ser uma pessoa mais aceitável para ele. Acontece que eu subi na minha carreira de forma bem rápida e quando me encontrava em uma excelente fase, e já passando para um patamar mais interessante, que me daria estabilidade e facilidades na minha vida, adivinha o que aconteceu? Este mecanismo de autossabotagem começou a atuar para garantir que eu não "perdesse", novamente, (o amor) e então as coisas começaram a andar devagar, comecei a ter menos clientes e fiquei por alguns meses escrava desse sentimento autossabotador. Ao descobrir o que estava acontecendo, eu rapidamente e de forma automática retomei minhas coisas e tudo voltou a acontecer novamente. Entendi que desta vez eu podia ir e que isso não seria necessariamente sinônimo de perder.

Outro exemplo de como este mecanismo atua: uma cliente de aproximadamente 60 anos passou a vida dela inteira querendo casar e ter filhos, ter uma família. Ela sempre namorava, mas quando começava a ficar sério algo acontecia e eles terminavam, sem ela entender o porquê, até que nas consultas, entendemos que quando ela era uma menina, sempre ouvia das mulheres da família que homens sempre traiam. E as tias dela sempre acharam aquilo normal. Era uma crença familiar, todos sabiam e ninguém se importava. Acontece que a mãe dela participava da crença quando estava com as tias, mas o que ela via era sempre a mãe chorando e magoada pelos cantos. Então ela decidiu que com ela aquilo não aconteceria. Já na vida adulta, ela, sem saber, sempre se relacionava com homens que não estavam disponíveis para ir adiante com o relacionamento, então apesar de os relacionamentos estarem ótimos, chegava sempre um dia que ficava mais sério e eles iam embora. Na verdade ela não percebia que, de forma inconsciente, sempre se envolvia com caras que queriam outras coisas, que não queriam nada sério.

Outro assunto bem comum que chega ao meu consultório é o caso de pessoas tentando serem elas mesmas e não tendo a coragem de ser quem são. Essas pessoas travam e, por causa do sentimento de medo, não conseguem se expressar, não conseguem manter suas opiniões e nem se colocarem como gostariam em suas vidas. A primeira coisa que trabalho com estas pessoas é o que chamo de soltura. Através dos exercícios de PNL, hipnose e da conversa, levo elas a desistirem de querer que os outros as aprovem. Essas pessoas precisam entender que se desistirem o problema acabou. Claro, não é tão simples assim, mas é completamente possível. Elas entendem que desistir é perder e por isso resistem. Aliás, a resistência é um grande obstáculo no que diz respeito ao fazer uma mudança. Quando a pessoa desiste, ela não cria mais expectativas de como deveria ser aceita, ou mesmo se deveria ser aceita. A decepção é criada quando esperamos algo de uma forma específica. Quando não existe expectativa também não existe decepção.

Entenda que, se expressar significa ser. E ser, significa vivenciar a si mesmo. Geralmente na infância ouvimos desaprovações sobre quem somos e aquilo que fazemos, nos levando assim, a nos fechar, ou seja, gravamos dentro de nós o sentimento de que "ser" é ruim. Pessoas que foram severamente criticadas desistiram de "ser" e passaram a buscar aquilo que vai ser aprovado pelos outros. Dependendo do que aconteceu, essas pessoas travam e se perdem em si mesmas. Na verdade elas perdem a força interna e passam a se esconder e isso as leva à frustração, depressão e caminhos diferentes na vida, elas se distanciam de si mesmas. Perdem-se de sua verdadeira essência.

Fazer terapia é voltar para a sua própria rota. As pessoas geralmente chegam com este desejo ao consultório, o de conseguir ser quem elas desejam ser, e também de conseguir fazer seus sonhos serem realizados. Essas pessoas estão buscando corrigir suas rotas. Quanto menos apego mais fácil, quanto mais apego, mais demorado na busca dessa rota verdadeira.

Tem também casos em que as pessoas precisam diferenciar entre o que elas são ou se tornaram em relação ao que a família é. Digo isso em termos de crenças, religiosidade, lado emocional e financeiro. São pessoas que sentem que seguir com suas vidas e, consequentemente, ficar cada vez mais diferente e distante é desonrar a família. A sensação que estas pessoas têm é de que não deveriam seguir em frente, que ir significa se perder. E isso acontece porque geralmente quem fica, ainda não entendeu um monte de coisas e naturalmente vai julgar. Ou seja, uma família que continua pobre e não passou pelo processo de entendimento de como a riqueza funciona e de como deve fazer para prosperar, vai sempre achar que um filho que prosperou e foi além é metido, esnobe ou algo assim.

Essas críticas severas virão com certeza por parte daqueles que ainda não entenderam certas coisas. E lidar com críticas é uma questão de entendimento, mas como a maioria das pessoas não entende como este processo funciona, ficam presas ao sentimento de culpa por serem algo que ainda os outros não conseguiram ser e até hoje não conseguem entender. Cria-se assim a estagnação: "Não devo ir porque seria ruim deixar os outros para trás." Nesta ideia estão contidas também muitas questões religiosas sobre ser mais que os outros, a ideia do pecado de querer ser mais. É como se fosse proibido ir além, progredir.

As pessoas querem realizar os próprios desejos e não sabem como, ficam presas aos problemas e as frustrações, sem conseguirem enxergar uma solução. Para que consigam encontrar uma saída é preciso ir para o lado prático da resolução e eu faço isso, a princípio, livrando as pessoas do medo. Depois eu trabalho com a autoestima delas para que se sintam capazes de terem o que desejam.

Pessoas que desejam muitas coisas, mas acreditam que não merecem, nunca vão conseguir sair do lugar, vão sempre se autossabotar. Ir para o lado prático significa saber como agir para a vida se movimentar. É preciso deixar o lado emocional de lado e planejar o movimento da vitória sabendo que será preciso deixar para trás muitas coisas. É uma grande ilusão quando as pessoas querem fazer uma grande mudança na vida sem movimentar nada. Querem mudar tudo sem que nada seja mudado. Deixar pessoas, situações, jeito de fazer as coisas para trás é muito necessário. Então, o passo que dou com estas pessoas é justamente fazê-las começar pelas pequenas mudanças, mudando a rotina, colocando outros afazeres no lugar e assim uma nova vida vai se moldando.

Mudar é necessário, é também necessário saber os motivos de temermos as mudanças. As pessoas sabem muito bem o que precisam fazer e até o que deveriam fazer, mas por medo, não fazem.

A humanidade briga com este sentimento de impedimento. É um sentimento devastador porque faz as pessoas ficarem sempre na mesma. É interessante como as coisas poderiam ser resolvidas de uma forma muito mais fácil, mas não são. As pessoas procuram o difícil, o complicado, pois, lá no fundo, elas querem chamar atenção. Isso porque chamar atenção conforta e traz um sentimento de autoaceitação. Lembra do que falamos das redes sociais? Quanto mais insegura e vazia a pessoa se sente mais ela posta fotos querendo a atenção dos amigos. É uma necessidade de se sentirem elogiadas pelo que são ou como estão ou por algo que estão fazendo. Esses elogios confortam, mas não resolvem. Quanto mais madura emocionalmente uma pessoa fica, mais ela consegue se livrar da necessidade da aprovação dos outros.

Ser aprovado pelo outro não significa ter permissão para "ser", mas é assim que as pessoas interpretam. Apoiam-se em falsas aprovações e fogem do que é real. Querer ver a verdade é algo que está distante da maioria das pessoas. A realidade costuma chocar justamente porque é algo diferente do desejo de cada um. Temos a tendência em querer ver o que desejamos ao invés de vermos o que realmente existe. E com isso, cria-se uma grande dificuldade nas pessoas de entenderem o que acontece com elas. Quanto mais coragem a pessoa tiver para olhar a realidade, mais fácil a cura do problema acontecerá.

Há caso de pessoas que chegam ao consultório querendo entregar a vida delas em minhas mãos. Essa postura é típica de quem ainda não quer ver e se responsabilizar pela sua vida. Aquelas que chegam com a postura de alguém que sabe que existe algo errado e assumem que parte deste erro elas mesmas provocaram, costumam ir muito mais longe e muito mais rápido.

As pessoas assumem a postura de que suas vidas não andam por causa de algo externo a elas, ao invés de entenderem como elas plantaram e contribuíram para o resultado que estão tendo em suas vidas. Ir além significa entender etapas e corrigir erros. E para isso é necessário primeiro aceitar que existe algo errado. Através da correção dos erros vamos aperfeiçoando nosso comportamento e então passamos a ser capazes de evoluir como pessoas. É aprendendo que superamos etapas, não basta somente passar por elas, é necessário entendermos o que nos compete fazer.

Não conseguimos enganar a vida, podemos até conseguir enganar algumas pessoas através daquilo que fazemos ou dizemos, mas a verdade é muito transparente, e ela vai aparecer mais cedo ou mais tarde. As pessoas sempre contam suas próprias versões de forma conveniente para elas, ou seja, elas ganham alguns pontos positivos naquele momento, mas não percebem que aquilo é falso. A verdade sempre vai aparecer, e aquela velha frase que diz que "um dia a pessoa caí" é bastante adequada, pois só consegue se estabilizar no alto, pessoas que têm bases sólidas e verdadeiras, pois a verdade sempre vem à tona e a qualquer momento, mesmo que demore.

25

E onde a Lei da Atração entra?

Muitas pessoas me perguntam sobre como funciona a Lei da Atração. Inclusive escrevi um livro, que foi publicado por enquanto somente nos Estados Unidos, que se chama *Lei da Atração para Crianças* (The law off Attraction for Children – Christina Hanser – meu nome de casada na época). Eu mesma utilizo muito a Lei da Atração e digo que funciona quando, juntamente ao fato de desejar e pensar positivo, coloca-se em ação mais dois ingredientes muito necessários: o Poder da Ação, direcionada e certa, que é diferente da ação sem sentido ou na direção errada, e o Poder do Merecimento.

As pessoas entendem que pensar positivo é necessário, mas não entendem que o pensamento precisa estar precisamente alinhado com o que a pessoa sente e faz. É um fazer consciente e certeiro, onde a pessoa sabe que está cultivando algo específico através do que está sentindo. Para que a Lei da Atração funcione, é preciso vigília constante de tudo o que se passa na nossa mente. A mente precisa ser como um filtro que barra todos os sentimentos não desejáveis. Ou seja, a pessoa passa a ser um controlador do que escolhe pensar e absolver.

O que geralmente as pessoas fazem é pensar mecanicamente de forma positiva, mas dentro delas acreditam em outros resultados, ou nem acreditam, e ao mesmo tempo, não tomam atitudes concretas e certeiras. Muitas pessoas são bastante esforçadas e se movem sim, mas não percebem que estão utilizando toda a sua força nos lugares e das formas erradas. Não basta somente ter boa vontade, e nem ser bonzinho, honesto e trabalhador, isso não vai garantir um resultado bom. Este é o ponto onde as pessoas patinam. Elas acreditam que estão fazendo do jeito correto, mas a maneira certa é bem específica. Se fosse simples todas as pessoas boas teriam vidas fantásticas.

Houve uma época em minha vida em que eu tentei entender esta parte, no que diz respeito ao que é considerado justo e injusto. Levei muito tempo para entender que por trás do sucesso ou dos resultados positivos existia um conjunto de ingredientes que faziam a diferença. Na época eu lidava muito com as questões espirituais no consultório e comecei a perceber que só ser certinho não funcionava. Descobri também que o tempo que leva para algo ser consertado depende de muitos fatores, e que é por isso que temos, em muitos casos, a sensação de injustiça. Foi um dos motivos pelo qual eu quis escrever este livro, o fato de que muita gente precisa entender sobre os ingredientes que compõem a estrutura das pessoas bem sucedidas. Sem todos os ingredientes certos o bolo encrua e desanda.

É preciso disciplina para usar a Lei da Atração, como o próprio nome diz, é como uma fórmula. Se usada certo, funciona.

Tenha sempre em mente quais são os ingredientes necessários para conseguir alavancar sua vida o mais rápido possível. Primeiro é preciso que você esteja atento a tudo o que deseja e o que não deseja. Comece por focar em tudo o que não deseja e então passe a prestar atenção nas suas atitudes. Provavelmente vai perceber que apesar de não querer determinada coisa na sua vida, você está constantemente renegando o resultado indesejado. Quando ficar claro na sua mente que não quer algo, começará aos poucos a se lembrar disso e saberá intuitivamente que algo não deve ser feito, falado ou pensado. Vai chegar um momento em que se acostumará a podar estas ações e pensamentos. Quando esquecemos que não queremos algo, fazemos coisas que não devíamos. Por exemplo, quando esquecemos que não queremos mais nos sentir gordo, ao se deparar com um quindim, o comemos, mas se lembrarmos do sentimento de não querer mais ser gordo, passamos a nos segurar. Uma pessoa que é disciplinada passa também privações e vontades, a diferença é que geralmente esta pessoa se segura porque ela sabe aonde quer chegar. Ela lembra a si mesma constantemente disso. Ou seja, ela mantém o foco e, portanto, se mantém na onda da atração do que deseja. Quando fica claro o que não queremos, passamos a dar menos força às vontades, caso contrário, lembramos somente de vez em quando.

É o que acontece com as promessas que a pessoa faz a si mesmo, a promessa é rapidamente esquecida. Então, que tal achar uma forma de lembrar constantemente da sua meta? Vale manter uma imagem por perto que lembre algo, pode ser também alguma coisa que você use no corpo, como um anel que fará você se lembrar de seu objetivo, como um compromisso. Vale também nos momentos mais difíceis, ter uma declaração para si mesmo com a explicação dos motivos pelo qual você decide agir diferente desta vez.

Saber o que você deseja com todos os detalhes também é primordial. Se não temos certeza do que queremos, corremos o risco de conseguir qualquer coisa, ou nos contentarmos com algo muito diferente do imaginado a princípio.

Pensar sobre os detalhes é algo que deixará você realista também sobre o caminho que precisará trilhar para conseguir o que deseja. Isso implica em organização e ação rumo à meta alcançada. Aqui está outro ponto em que as pessoas pecam. Querem algo, mas não preveem os detalhes necessários para se alcançar à meta. Por exemplo: a pessoa quer se rica e não se coloca no caminho da riqueza, não entra no universo das pessoas ricas para aprender como lidar com a riqueza, não tem planejado na mente como lidará com os detalhes. É comum uma pessoa que deseja ser rica amaldiçoar os ricos e bem sucedidos através de críticas. Ou seja, ela não se coloca como uma pessoa que pode ter, não entende que existe uma maneira específica de lidar com aquilo, quando critica sente que o dinheiro é ruim, já que está concluindo isso através da observação. Portanto, esta pessoa não se coloca na onda da riqueza, não realiza ações concretas para receber algo que deseja no futuro. A pessoa quer melhorar na vida e fazer um concurso, por exemplo, mas não toma as medidas adequadas para abrir espaço na agenda e estudar. Usa desculpas para se manter no mesmo lugar.

Quando sentimos que não é possível, criamos uma crença de que não vamos conseguir. Então neste caso, não adianta repetir frases do tipo "minha vida está melhorando em todos os sentidos" sendo que diariamente nada muda. O que esta pessoa precisa fazer é uma lista de pequenas melhorias que precisam ser assumidas como comprovação daquilo que elas desejam. Neste caso, por exemplo, a pessoa sabe que o clima em casa não está bom, então ela se propõe a ler um livro com dicas sobre como melhorar o relacionamento familiar, ao mesmo tempo em que diz constantemente, "minha vida está melhorando em todos os sentidos" e coloca novas ideias em prática. Então esta pessoa será capaz de se automotivar, e assim ela vai criar dentro dela um sentimento mais coerente com a realidade.

Outro passo importante na conquista dos desejos é limpar emocionalmente todos os obstáculos com um sentimento de possibilidades dentro de si, é possível focar num fator importantíssimo que é a receita certa. É preciso ter um parâmetro exato daquilo que é necessário conquistar ao longo do caminho, para que a pessoa chegue de forma certeira no patamar que deseja.

Atrair é se conectar, e para que a corrente ou energia do seu desejo chegue até você, é preciso que se mantenha nela por um período longo. Mesmo que você saia da vibração por alguns momentos, se constantemente perceber que saiu da corrente porque se pegou pensando diferente ou negativamente, basta voltar e manter-se neutro. Essa neutralidade é um sentimento livre de preocupação, ansiedade ou expectativa. É preciso deixar a corrente atuar por si só. Neste ponto muitas pessoas pecam por esperar que em um determinado tempo algo aconteça. É preciso desapegar da ideia do como e quando conseguirá. O ideal é se mover em direção ao desejo através das ações, ou seja, fazer da sua parte tudo que é possível para se colocar no caminho do que deseja ao mesmo tempo em que mantém dentro da mente um pensamento positivo e sereno em relação ao resultado desejado.

Para que consiga fazer isso é necessário parar de se ocupar com tudo que não trará nenhum resultado. Este é outro ponto no qual as pessoas pecam muito, porque se ocupam o tempo todo com coisas inúteis, desde notícias até fofocas. Basta parar um momentinho e se lembrar da última vez que perdeu tempo tentando resolver algo que não era seu, ou se ocupando com algum tipo de notícia que não afetará em nada sua vida. É preciso concentrar-se nas soluções e não nos problemas. Em vez de passar algumas horas contando às pessoas tudo de ruim que vem acontecendo na sua vida, seria muito mais produtivo utilizar este tempo perdido estudando ou aprendendo como resolver o problema.

Se uma pessoa deseja se tornar um atleta e praticar corridas, ela deve entender que precisará organizar seu tempo para que consiga o seu objetivo. Então, ao invés de ficar se lamentando, ou desejando, ela precisa colocar em prática o ato da corrida e, dia após dia, estará mais próxima de seu objetivo. E ao correr, ela deve aplicar a si mesma pensamentos positivos e se imaginar vitoriosa ou com o seu objetivo realizado.

É preciso entender que ficar parado esperando não gerará nenhum resultado. Só pensar positivo sem nenhuma ação também não mudará nada. A confiança interna de que está tudo bem e de que tudo ficará resolvido é sim um sentimento necessário, mas que deve ser utilizado de forma única somente depois que foi checada a questão sobre o que pode ser feito. Em uma situação onde todas as providências foram tomadas, resta então a concentração serena numa imagem da situação resolvida. Manter a serenidade ajuda na concentração. Imagine-se numa cena depois do fato ocorrido. Por exemplo, se a pessoa vai passar por um procedimento cirúrgico o ideal é imaginá-la de volta ao quarto sorrindo, ou, se você vai fazer uma prova pode então imaginar-se depois que pegou o resultado, feliz.

Tudo é feito de energia, e estas energias viram em uma frequência específica, mas não é preciso entender de frequência para conseguir resultados, é preciso entender somente o que se deve fazer. É importante também entender que o seu desejo é como um quebra-cabeça, no qual as peças vão se juntando pouco a pouco, e mantê-las coladas é uma questão de constância. Uma pessoa pobre dificilmente vai ficar milionária do dia para a noite, mas essa pessoa pode sim, dia após dia, atrair cada vez mais resultados, pessoas e situações que a levarão a atingir a riqueza desejada. Uma pessoa focada em conseguir se abre em vez de se fechar e, portanto, passa a prestar mais atenção às coincidências que são atraídas através da vibração. Então, tudo aquilo que ela precisa aprender para manter-se rica depois, chega pouco a pouco.

Quanto mais frequentemente esta pessoa estiver antenada ao fato de que está chegando cada vez mais perto e mais rápido, as coincidências irão acontecendo na vida dela. Empregos melhores e salários melhores aparecem do nada, ensinamentos, pessoas trazendo informações e uma infinidade de oportunidades aparecem. Esta pessoa passa então a viver na sintonia da riqueza e, se conseguir manter-se assim, em breve conseguirá extraordinários resultados. A energia X que tem uma vibração X ao ser conectada com a pessoa começa a transformá-la ou a sintonizá-la na vibração correta, é por isso que é necessário mover-se, aprender coisas novas e desapegar de tudo aquilo que não vem funcionando.

O problema acontece quando a pessoa começa bem, se sintoniza, sente-se ótima, mas coisas estranhas começam a acontecer na vida dela, ou seja, a pessoa entra no foco, mas de repente algo ruim entra no caminho. Então ela se desestabiliza e muda o foco e volta tudo a ser como antes. Quando isso acontece, muitas vezes a pessoa fica desacreditada e não confia mais. É preciso entender que conseguir é o equivalente a manter-se equilibrado em cima de uma prancha de surf no mar.

Com foco e concentração, a pessoa não vai cair, e chegará aonde deseja, mas qualquer coisa que a distraia, tanto internamente como os pensamentos, ou externamente através de um obstáculo, pode provocar sua queda. Existe um segredo para lidar com isso que é: perceber que caiu, se levantar novamente e continuar. Neste caso é preciso se levantar sem se lamentar, ou seja, sem dispersar a energia, e voltar para a crista da onda.

Não importa quantos tombos se leva, o importante é que serenamente a pessoa continue sem se dispersar, sem se revoltar. As pessoas que chegam aonde desejam erram também, mas serenamente seguem em frente. As pessoas que não conseguem seguir, ao cair, tentam se justificar, ou procuram um culpado e ficam se lamentando, contando para todo mundo, e está aí o erro, ela desvia o foco e corre o risco de perder a estrada, ou como no exemplo do surf, perder o lugar ao mar.

Não é simples e nem fácil, é preciso entender que exige um esforço, e que quanto menos resistência você puser, mais fácil será, desde que entenda o que precisa fazer. É por isso que se recomenda começar com o próximo passo ao invés de querer diretamente algo grandioso, sendo que você não consegue lidar ainda com aquilo. Não adianta desejar ser um apresentador de TV se você mal sabe se expressar. Nem adianta querer emagrecer 30 quilos de uma vez, o ideal é ter um foco em passos mais fáceis de realizar para o momento e então a confiança vai aumentando, assim como o entendimento necessário. É como dirigir, é preciso maturidade, não basta somente entender mecanicamente como fazer. Uma criança de 11 anos poderia aprender facilmente como dirigir de forma mecânica, mas ela não terá maturidade para lidar realmente com o trânsito e suas consequências. Pessoas que ganham grandes fortunas as perdem justamente por causa deste fator, não sabem lidar com aquilo, gastam desenfreadamente, investem em situações erradas, etc. O conhecimento é algo extraordinário, assim como a maturidade emocional.

O foco é importantíssimo. E manter o foco significa não dar atenção ao que está à sua volta, mesmo que ao seu redor você só veja coisas ruins, barulhos, etc. É preciso parar de lutar com o que existe do lado de fora e então será possível ficar em paz. Tudo aquilo que damos atenção aumenta, e se damos atenção ao que queremos sentir, nada irá tirá-lo do eixo. Claro, é preciso treino para chegar neste estágio. Mas é bem possível e muito gratificante.

Eu pratico judô, o que me ajudou muito a entender como o foco funciona. Numa luta, se eu não presto atenção, inevitavelmente vou para o chão em questão de segundos. Se naquele momento eu desviar o foco e pensar em qualquer outra coisa, já era, é chão na certa. E a Lei da Atração é assim também, é preciso manter o foco, ter a técnica e ter a paciência de esperar o momento certo.

Muita gente desiste porque acha que vai demorar. Isso depende do estágio em que a pessoa se encontra em relação ao que deseja. Se faltar pouco, a sintonia acontecerá de forma bastante rápida, porque a pessoa de certa forma já estava pronta, faltava pouco. E quando a pessoa está em uma realidade muito diferente da que deseja, é claro que precisará de mais tempo para se sintonizar. Tudo funciona como uma adaptação. Se a pessoa já vivencia certa realidade ficará muito mais fácil fazer os ajustes necessários, mas se ela é totalmente crua no que diz respeito ao seu desejo, o caminho será mais longo. A vida é feita de etapas, sempre. Se respeitarmos cada etapa ficaremos serenamente esperando, se tentarmos atropelar as etapas podemos até conseguir, mas manter o que conseguimos já é uma questão totalmente diferente.

Os autores que escreveram sobre a Lei da Atração são unânimes em explicar que é preciso persistência. Pessoas que fizeram grandes mudanças percorreram um longo caminho de perseverança. Essas pessoas não desistiram, pelo contrário, elas tinham tanta certeza de que daria certo, que o fato de perderem muitas e muitas vezes não significava nada, elas simplesmente levantavam e continuavam. Faziam alguns ajustes à rota, mas continuavam sempre, nunca perdiam o foco e serenamente lidavam com os acontecimentos. É aquela velha história, podem ficar tristes, mas ficam tristes por uma ou duas horas e só. Depois disso as lágrimas são enxugadas e o foco é retomado. Pessoas bem sucedidas são assim, não ficam na crise, vivenciam a crise sem revolta e ajustam as velas na direção favorável do vento novamente.

Outra característica importante na Lei da Atração é que se deve tomar muito cuidado para não dividir com os outros o seu plano, por um motivo bastante simples. Ao contar para o outro algo que ainda não aconteceu, a pessoa na qual está ouvindo pode poluir a sua estrada através dos pensamentos que terá a respeito do que você estiver contando, e isso pode fazer você perder o foco ou a energia. As pessoas ao ouvirem algo e duvidarem ou não concordarem, estarão emitindo uma frequência de energia que é diferente da frequência que necessita, portanto, o ideal é não contar, quanto mais secreto você manter um plano, mais fácil será para realizá-lo, porque a energia se manterá dentro do seu foco. Isso inclui também a parte emocional que fica mais fraca quando você conta algo para alguém. Cada pessoa tem uma opinião e pensa de forma específica sobre a possibilidade de conseguir ou não algo. Quando você conta, o outro inevitavelmente pensará e sentirá algo, e dependendo de como for a reação da pessoa, pode afetar você de forma negativa, é como tomar um balde de água fria quando não se está esperando, aquilo o desestabiliza.

O foco no que diz respeito ao sentimento interno é uma parte importantíssima também, é preciso vigiar os próprios pensamentos constantemente para que a sua sintonia interna seja de paz e positividade.

O pensar positivo significa estar ciente de que as coisas estão melhorando cada vez mais, de que as coisas estão se encaminhando. Pode-se fazer isso mantendo em mente uma imagem do que deseja como já conquistado, mas o sentimento de verdade dentro de você deve ser parecido com um sentimento de "em breve conseguirei" ao invés de "já consegui". Isso é importante para não se correr o risco de, ao visualizar, criar-se um sentimento de desconfiança ou de inverdade a respeito do que deseja.

Não podemos controlar a hora que acontecerá o que desejamos, mas podemos decidir como vamos aguardar até conseguirmos, e o ideal é a serenidade. Quanto mais sereno uma pessoa for perante algo, mais fácil e rápido será a solução.

É importante também entendermos onde entra a parte espiritual no que diz respeito ao que recebemos do universo, da vida. Esta parte é bastante questionável justamente porque as pessoas não entendem como funciona a espiritualidade nesta questão. Em primeiro lugar é preciso entender que o mundo espiritual não julga, nós julgamos. Portanto a ideia do tornar-se uma menina boazinha para receber um "prêmio" não funciona. Muitas pessoas pensam assim e então passam a fazer o bem somente para ganhar pontos. Este tipo de comportamento não trará nenhum resultado. Também não existe permuta no mundo espiritual de forma que, eu me proponho a fazer isso caso eu ganhe aquilo em troca. Tem gente que já me pediu para que eu rezasse para o anjo da guarda pedindo os números da loteria e me disseram que se ganhassem iriam doar grande parte do dinheiro para várias creches, etc. É preciso entender que o que define o que teremos é o que fazemos em relação ao que queremos. Repetindo, existe uma receita para praticamente tudo e se a pessoa usar a receita certa conseguirá o resultado que deseja.

O mundo espiritual é uma força, os seres espirituais tem o papel de nos dar assistência ao invés de fazer por nós. Da espiritualidade não podemos obter coisas materiais, nossas bens materiais não têm valor para o mundo espiritual, eles podem somente nos dar suporte no que diz respeito a nos mantermos numa boa sintonia emocional e espiritual. As forças que vem do mundo espiritual nos alinham com as nossas próprias forças e provocam assim um estado de serenidade e de confiança que nos deixa mais aptos a conseguir melhores e maiores resultados em todos os sentidos.

Para pensar: você já viu uma pessoa bem sucedida que faz "barraco"? Não né? Sabe por quê? Porque a pessoa que saí do sério constantemente não consegue atingir ainda determinados patamares de entendimento, de serenidade. Essa pessoa fica ocupada com as coisas erradas, presta atenção e se envolve com tudo aquilo que não deveria. O nível de energia dessa pessoa é fraco e destrutivo, então em vez de criar, destrói chances maravilhosas constantemente. E mesmo que esta pessoa conseguisse algo melhor, não conseguiria manter por muito tempo.

Os seres espirituais só podem produzir algo espiritual, portanto, a força que vem deles deve ser neste nível. Os seres humanos encarnados são capazes de produzir matéria e bens através do poder da ação. Portanto, ter a intenção de entender o que é preciso fazer para mudar de vida é o que fará a diferença. É preciso entender o que o impede, tanto emocionalmente quanto em termos de conhecimento. É impossível não prosperar se a pessoa usar estes parâmetros. As pessoas que não conseguem, na verdade não sabem como fazer!

Na maioria das vezes, os problemas que se acredita ser de cunho espiritual são criados pelo fato de a pessoa se entregar, tanto energeticamente quanto espiritualmente, levanto em conta também seu estado emocional. Lembre-se de que tudo é uma questão de vibração e sintonia, e a pessoa preocupada cria uma crença para o motivo pelo qual as coisas acontecem de uma determinada maneira. É mais fácil acreditar que algo fora do seu controle tenha provocado algo, do que resolver investigar e entender o que se pode fazer para mudar a situação. As pessoas preferem achar sempre um culpado e assim se livram do preço de terem que ir atrás. Problemas espirituais verdadeiros existem, mas são bem raros, eu diria que mais de 90% do que as pessoas acham que é macumba ou algo assim, na verdade é só uma sintonia errada.

Os que têm o ímpeto de mudar já estão lá na frente, os que têm falta desse entendimento ficam presos e sempre estacionados no mesmo lugar. O conhecimento é capaz de mudar o mundo, e as pessoas precisam ser educadas para buscar conhecimento. Existem meios de progredir, mas é preciso ter este desejo e persistir no entendimento daquilo que precisa ser aprendido. A autoeducação pode mudar a vida de qualquer pessoa.

Saber mais significa conseguir mais. Ir adiante significa sair do lugar de onde se encontra. Quanto mais alegre e em paz a pessoa estiver, mais rápido ela conseguirá progredir.

Não é possível vivermos muito bem usando uma única situação, ter dinheiro e não ter o conhecimento financeiro é praticamente garantia de fracasso econômico. Ter dinheiro e não ter saúde é sinal de infelicidade. E assim por diante. Precisamos de um conjunto de conhecimentos práticos a respeito do como lidar com as pessoas e as situações. Sabendo lidar podemos ir longe, quando não sabemos ficamos presos às situações.

Você tem todo o direito de ser feliz, próspero e saudável, basta compreender como se manter na onda correta. Pague o preço do saber, do entendimento. Seja um buscador e conseguirá triunfar na sua vida, com toda certeza. Quem procura sempre encontra, quem desiste morre frustrado.

Decida fazer diferença na sua própria vida e seja muito feliz!

Boa sorte!